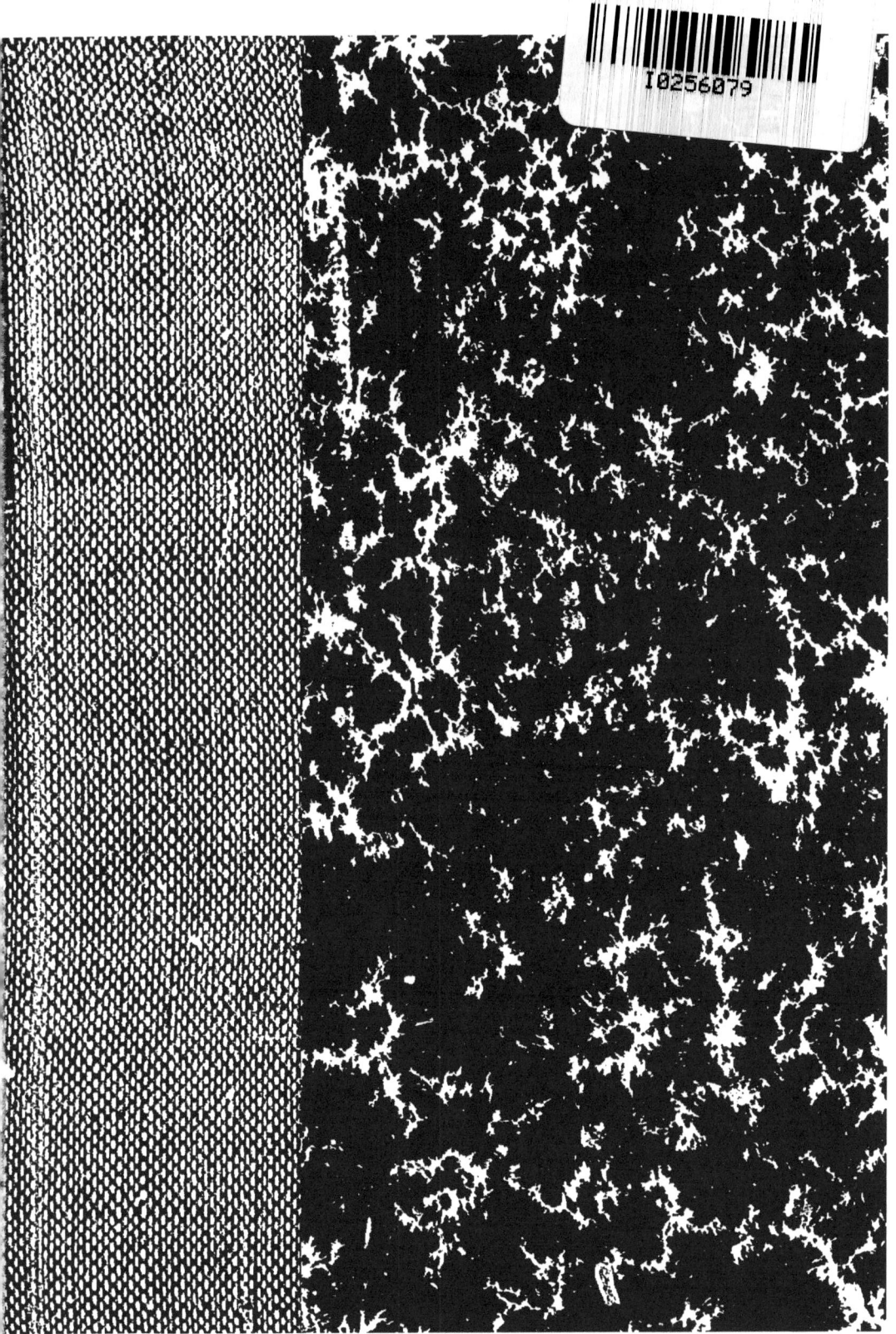

L'USAGE ET LE BON TON

DE NOS JOURS

CATHERINE PARR

L'USAGE

et le BON TON

de nos Jours

PARIS
RUEFF ET Cie, ÉDITEURS
106, BOULEVARD SAINT-GERMAIN

1892

L'USAGE
ET
LE BON TON
DE NOS JOURS

I

A PARIS

Pourquoi je viens à Paris. — Mon éducation première.
Mon désir de connaître les usages parisiens.

... Quand j'étais toute petite, à l'âge où l'on a l'habitude, dans notre pays, d'emprisonner les pieds des petites filles pour les empêcher de grandir, j'avais une nourrice qui m'aimait beaucoup et que cela faisait pleurer de me voir souffrir. Alors, sans en rien dire ni à mon père, ni à ma mère, comme il n'y avait qu'elle qui s'occupât de moi, la bonne nourrice relâchait un peu les chaussures trop étroites, sans que personne s'en aperçût. C'est ce qui fait que je suis devenue, en grandissant, comme toutes les autres femmes des autres pays.

J'ai des pieds qui marchent, au grand étonnement de mes concitoyennes, et pour cela je suis regardée un peu comme un vrai phénomène.

C'est cette circonstance qui m'a permis de venir en France. Dans mon pays on ne me traite pas comme les autres femmes de ma condition.

Celles-là roulent et se traînent, et moi je marche. Suis-je un ange ou un démon? Est-ce ciel ou l'enfer qui a permis que mes pieds aient résisté à la torture?

Nul ne le sait; mais j'ai conquis, par cela, une liberté que n'ont point les autres femmes de mon pays, et j'ai obtenu, de mon mari, qui a de moi une sorte de terreur superstitieuse, la permission de l'accompagner en France, où il a été envoyé comme faisant partie d'une mission diplomatique.

Réjouissez-vous-en, ô Tonkinoises, mes sœurs, car, par moi, vous allez apprendre tous les usages français et parisiens, qui rendent les femmes de ces pays si attrayantes et si supérieures, que, toutes nous voudrions être ces Européennes enviées qui, non seulement sont libres de courir et de marcher où elles veulent; mais qui, encore, sont assez heureuses ou habiles pour gouverner les hommes qui semblent être leurs maîtres.

Je vais donc entrer immédiatement dans le fond de mon sujet, afin de ne pas user votre patience, et je commencerai par le récit de la première soirée que j'ai passée dans le monde parisien.

II

LES DINERS

Ce qu'il faut ne pas faire. — Les invitations. — La salle
à manger, le service, la soirée, etc.

Nous avions, mon mari et moi, reçu une invitation spéciale pour aller dîner dans une maison où nous savions que les usages français et les convenances sont observés avec une ponctualité qui n'exclut ni la bienveillance, ni même la fantaisie intelligente.

Je m'en suis réjouie, non seulement pour le plaisir que je m'y promettais, mais aussi pour le parti que j'en pouvais tirer au profit du savoir-vivre.

Nos lettres d'invitation, envoyées dix jours avant celui du dîner, étaient faites sur des cartons, un peu plus larges que hauts, et elles portaient, au bas, cette mention, stipulée en toutes lettres : *Réponse, s'il vous plaît.*

— Tiens, m'avait dit mon mari, cela te regarde, tu es une lettrée, c'est à toi de répondre.

Je m'acquittai de cette démarche sans trop d'ennui ; mais je me demandais pourquoi cette réponse était ainsi presque exigée ?

A qui poserai-je cette question, qui doit être résolue, et tant d'autres, qui m'embarrassent?... Enfin, je trouverai.

J'avais entendu dire qu'il était de bon goût, à Paris, d'arriver tard, très tard, dans toutes les réunions mondaines, et je pensai que je donnerais une preuve de savoir-vivre en agissant ainsi.

Le dîner étant donc indiqué pour sept heures précises; je priai mon mari de ne demander la voiture que pour huit heures.

Je me croyais assurée de produire ainsi un très bon effet. — Il était donc huit heures et un quart lorsque l'on nous annonça dans le salon où nous étions attendus.

Mais, le salon était vide!

Qu'est-ce que cela signifiait?

Je n'avais pas encore eu le temps de me répondre, lorsque la porte de la salle à manger s'ouvrit vivement, et nous vîmes le maître et la maîtresse de la maison se précipiter au-devant de nous, avec l'air le plus aimable, où perçait cependant une légère nuance de contrariété.

— Excusez-moi, je vous en prie, nous dit cordialement Mme D...; mais, l'heure de se mettre à table étant passée depuis longtemps, nous avons craint qu'il vous fût impossible de venir, et, pour ne pas lasser la patience de nos autres convives, nous avons dû nous mettre à table.

— Quoi! m'écriai-je, en acceptant le bras de

M. D... pour passer dans la salle à manger, il faut donc arriver à l'heure fixe indiquée sur la carte d'invitation?

Mᵐᵉ D... sourit doucement; et, offrant elle-même son bras à mon mari, elle me dit en passant devant moi :

— Nous sommes en retard, entrons vite prendre nos places; et, si vous le permettez, je vous initierai un peu plus tard à nos usages français, qui vous feront, ce soir, manger votre potage froid.

Je respirai joyeusement; ma balourdise allait peut-être me faire trouver une amie qui m'expliquerait ces mille choses que je ne pouvais comprendre seule.

Je souriai à Mᵐᵉ D..., et nous entrâmes dans la salle à manger.

Vingt personnes étaient réunies autour de la table. Tous les convives, hommes et femmes, sans se lever absolument, comme un seul homme, firent cependant un mouvement qui indiquait l'intention d'un salut un peu plus accentué qu'en temps ordinaire. C'était une expression d'extrême délicatesse de gens bien élevés devant ceux qui sont presque honteux de leur faute. Nous le comprimes ainsi, car mon mari chercha à nous excuser, sans donner de bonnes raisons, bien entendu, et nous nous mîmes bien vite aux places qui nous avaient été réservées; moi à la droite du maître de la maison, mon mari à la même place, auprès de Mᵐᵉ D...

Après avoir mangé notre potage, dont nous nous hâtâmes d'avaler quelques cuillerées ; les autres convives ayant cessé de manger pour nous attendre, j'osai relever la tête pour me rendre un peu compte du lieu où nous nous trouvions.

Ce qui me frappa tout d'abord, ce fut l'air de fête qui régnait en maître dans la salle à manger.

Les grands rideaux, hermétiquement fermés et retenus par des glands en passementerie, ressemblaient à de vastes portières, chargées d'intercepter la lumière extérieure, pour ne laisser apercevoir que la joyeuse illumination de l'intérieur.

A toutes les ouvertures, des portières semblables nous donnaient l'air d'habiter un nid de vieilles tapisseries, représentant des sites champêtres, où l'on aurait appelé des bergers pour nous réjouir par leurs chants et la musique de leurs chalumeaux.

Et, pour compléter cette riante mise en scène, dans tous les angles de la pièce, partout où un petit coin en avait laissé la place, se trouvaient des caisses élégantes remplies d'arbustes à la luisante et luxuriante verdure.

Un très haut et très vaste buffet Henry II, car tel est, paraît-il, le genre à la mode en ce moment, montrait ses droites colonnettes, à demi cachées par le luxe d'une brillante argenterie, mélangée aux cristaux qui n'avaient pas été employés au service de la table.

Deux dressoirs semblables, placés aux deux extrémités de la salle, remplissaient un peu le même office, en y joignant des corbeilles de fruits, de fleurs et de chatteries de toutes sortes, qui, on le comprenait, devaient, à un moment donné, venir se joindre aux assiettes de dessert, déjà placées sur la table.

Celle-ci attira alors tout naturellement mes regards.

Elle seule aurait suffi pour donner joie et gaîté à tout ce qui l'entourait.

Au-dessus, descendant du plafond par une chaîne de métal, se trouvait une magnifique suspension, dont la lampe, en porcelaine antique, était entourée par une quantité de bougies, dont l'éclat seul eût suffi pour éclairer la table, et même la salle à manger tout entière. Cela n'empêchait pas deux superbes candélabres, à plusieurs branches, d'apporter aussi, aux deux bouts de la table, un lumineux concours à cette joyeuse mise en scène.

Au milieu, se trouvait un surtout en vieil argent représentant une scène mythologique où il me semble que le vieux bonhomme Silène devait jouer un rôle quelconque. Mais ce qui était joli, plus joli que tout, à mon avis, c'était une petite allée de gazon vert, faisant le tour de la table, le plus près possible des couverts. Dans cette petite allée étaient semées des fleurs de toutes sortes, et ce qui me frappa surtout, c'est le soin avec lequel ces fleurs étaient choisies, afin d'être appropriées au goût et à la manière d'être des convives devant lesquels elles passaient comme une guirlante courante.

Pas une rose ou une violette devant les convives masculins ; pas un jasmin ou un réséda devant les femmes. Je remarquai une branche de lilas blanc devant une charmante jeune femme brune, tandis qu'une touffe de myosotis semblait se pencher vers une jeune fille blonde et rose, dont les yeux bleus et rêveurs paraissaient avoir pris la nuance des fleurs placées devant elle.

Tout cela indiquait, chez la maîtresse du logis qui nous recevait, un tact, un savoir-vivre et une bienveillance qui s'adressaient aux moindres détails du bien-être et de la satisfaction de ceux à qui elle offrait une si charmante et gracieuse hospitalité.

Aussi, tous les visages exprimaient-ils ce contentement parfait que le grand maître en l'art culinaire, Brillat-Savarin, ce véritable patron de tous les gourmets, a déclaré être indispensable aux satisfactions données par un bon dîner. N'est-ce pas lui qui a déclaré, d'une façon dont lui seul a su prendre l'autorité : que celui qui invite à dîner se rend *absolument responsable* du bonheur de ses invités pendant tout le temps de leur séjour dans sa demeure ?

..... Une chose qui m'étonna, tout d'abord, fut l'absence absolue de tout plat sérieux sur la table. Je savais les Français très amateurs de viandes, de poissons et de légumes, car leur nourriture est plus variée, m'a-t-on dit, que celle des autres peuples. Eh bien! le croiriez-vous? Mes regards, errant de tous côtés sur la table, y cherchaient en vain les choses confortables. Des fruits, des sucreries, des fleurs et des gâteaux se mêlaient seuls aux cristaux, étincelant au milieu de l'argenterie et des lumières. Allions-nous donc être obligés de dîner comme des singes ou des perroquets?

Avant qu'il m'eût été possible d'obtenir aucun éclaircissement à cet égard, je vis entrer un grand monsieur, en habit noir et cravaté de blanc. Il portait pompeusement un très grand plat, dont le fumet chatouillait très agréablement l'odorat. Il le déposa sur un large plateau d'argent, placé devant la maîtresse de la maison.

J'étais si occupée à regarder ce plat qui, à coup sûr, devait contenir toutes les promesses désirées par un estomac affamé, que je ne m'apercevais pas qu'un domestique, touchant presque mon épaule gauche, tant il y mettait d'insistance, me présentait un grand plateau, sur lequel se trouvaient une foule de petits plats, de toutes les formes, contenant des mets que j'ai su, depuis, être appelés des *hors-d'œuvre*. Cela consistait en beurre, radis roses, crevettes rouges, saucisson, sardines à l'huile, etc.

Cela se mange comme apéritif, entre le potage et les plats substantiels, et, dans les grands dîners, on ne les sert pas sur la table; ils sont offerts par les serviteurs.

Je goûtai donc aux hors-d'œuvre, que je trouvai excellents; mais, pendant le moment d'attention que je leur prêtai, l'immense plat, que j'avais remarqué quelques instants auparavant avait disparu !

Quoi donc ! Ne l'avait-on mis là que pour nous le montrer et nous donner une fausse espérance ?

Mes yeux, sans doute, exprimaient mon étonnement, car M. D... me dit, avec un empressement aimable :

— Vous allez goûter l'un des meilleurs poissons que nous mangions à Paris, la barbue, et, peut-être vous fera-t-il oublier un instant les nids d'hirondelle.

— Mais, pour le goûter, il faudrait...

— Que l'on vous en servît, n'est-ce pas ? Et voilà votre souhait justement exaucé, reprit mon aimable voisin. Et il m'apprit alors que, dans les dîners un peu cérémonieux, les plats étaient seulement présentés sur la table, devant la maîtresse de la maison, afin que tous les convives pussent connaître la chose qui allait leur être offerte ; mais qu'ils étaient aussitôt enlevés pour être découpés par le premier domestique, que l'on nomme maître d'hôtel, et offerts ensuite par les autres serviteurs.

En ce moment j'aperçus, sur le visage de

Mme D..., placée presque en face de moi, l'expression d'une contrariété assez vive, tandis qu'elle faisait un signe, presque impatient, au domestique qui me servait. D'où cela pouvait-il venir ?

Je me retournai vers cet homme qui, à ma droite cette fois, me présentait le poisson découpé. Il m'était impossible de me servir sans me détourner tout à fait, dans une position désagréable.

Je compris alors la contrariété de la maîtresse de la maison et son signe d'impatience, inaperçu pour tout autre que pour moi.

Ce domestique venait de commettre une maladresse ; on ne doit jamais rien offrir aux convives du côté droit ; ils ne peuvent se servir, et cette petite infraction était tout simplement un crime de lèse-savoir-vivre.

La conversation, à mesure que le dîner s'avançait, et que les vins généreux nous donnaient à tous de la gaîté, devint animée sans être bruyante. Au dessert, les anecdotes se succédèrent avec une rapidité et un entrain, qui faisaient autant d'honneur à l'esprit des convives qu'à la direction intelligente donnée par Mme D... qui, par un mot fin et spirituel, savait raviver l'esprit de tous, en maintenant toujours, dans les termes d'une gaîté de bonne compagnie, certaines tendances un peu... gauloises que les libations, trop généreuses, auraient pu donner à quelques convives.

Aussitôt que le dessert fut terminé, Mme D... se

leva de table la première, ce que personne n'eût osé faire avant qu'elle en eût donné l'exemple. Elle accepta gracieusement le bras que lui offrit son voisin de droite, ce que je fis moi-même avec son mari, et l'on passa au salon, où le feu avait été ravivé, les bougies renouvelées, comme pour continuer l'air de fête et de bien-être que nous avait présenté la salle à manger. Une table, placée au milieu, en continuait également l'hospitalité gastronomique. Elle était chargée de tasses, cafetières, liqueurs de toute sorte, que l'on offre toujours, paraît-il, à l'issue d'un dîner.

J'aime trop le café, et j'y suis trop habituée, pour ne pas me laisser aller au plaisir qu'il procure toujours, et j'imitai, en acceptant une tasse qui me fut présentée par M. D..., un exemple qui me parut à peu près général; et en ce moment je me réjouissais fort à la pensée que j'allais entendre, dans un vrai salon parisien, cette conversation dont on parle tant, et qui ne serait plus à bâtons rompus, comme elle l'avait un peu été à table.

Je m'assis dans le fauteuil qui m'était offert auprès de Mme D..., et je lui exprimai, comme je le pus, ma satisfaction, et surtout mon admiration pour elle.

Un mouvement un peu accentué et ressemblant à un déménagement me fit retourner la tête du côté où il se produisait.

La porte principale était ouverte, et je ne vis...

que les pans du dernier habit noir, qui disparaissait du salon ! — Je regardais autour de moi... Plus un seul homme ! Pardon, un seul, un vieillard en cheveux blancs, resté auprès de la cheminée.

— Vous paraissez stupéfaite, me dit en riant Mme D..., Oh ! vous en verrez bien d'autres !

— Mais, d'où vient que nous sommes seules ?

— Parce que ces messieurs sont passés au fumoir !

— Quoi ! Ils vont y rester toute la soirée ?

— Non, dans une demi-heure environ, ils nous reviendront.

— Oh ! m'écriai-je avec stupéfaction ! Et l'on nous parle tant de la galanterie aimable des Français !

... Je profitai du moment où les femmes se trouvaient seules au salon, moment pendant lequel elles s'examinaient avec une sorte de curiosité gênante, pour rester auprès de Mme D..., afin de lui demander quelques renseignements dont j'avais besoin.

Elle m'avait paru si bonne et bienveillante, que je me sentais le courage d'abuser de ses bonnes dispositions et d'avoir avec elle toutes les hardiesses.

— Voyons, par où voulez-vous que nous commencions ? me dit-elle en riant, lorsque je lui eus posé ma requête.

— D'abord, pourquoi nous avez-vous envoyé votre invitation à dîner dix jours à l'avance, ce qui est bien long, avec une prière de répondre qui ressemblait à un ordre qu'il faut exécuter de suite?

— Vous me posez là une question à laquelle il est bien facile de répondre, et votre intelligence vous l'indiquerait elle-même si vous y aviez réfléchi.

Une maîtresse de maison, lorsqu'elle reçoit à dîner, a besoin de connaître, d'une façon absolue, le nombre de convives qu'elle recevra à sa table.

Il faut mesurer l'espace dont on dispose, harmoniser entre eux les convives, ne pas mettre, auprès l'un de l'autre, des gens que l'on sent être mal ensemble ou d'opinions opposées; n'être, à table, ni trop pressés, ni trop éloignés les uns des autres, etc.

On s'arrange donc, en faisant ses invitations, pour n'inviter, en même temps, que des personnes qui pourront sympathiser, ou du moins n'éprouver aucun ennui de se trouver ensemble.

Un dîner n'est pas comme une soirée; il crée une sorte d'intimité entre ceux qui viennent goûter les mêmes satisfactions gastronomiques; on y cause avec plus d'abandon, on laisse même quelquefois percer certaines faiblesses gourmandes qui ont besoin d'indulgence; et le rôle de la maîtresse de la maison doit consister, surtout, à ne pas exposer ceux à qui elle veut procurer un plaisir, à se retirer de chez elle avec un cœur ulcéré ou un amour-propre blessé.

— Oui; mais tout cela ne m'explique pas...

— Attendez, tout se tient dans la science du monde, chère madame, et nous y voilà bientôt.

Il arrive très souvent que les personnes que l'on désire avoir ont des motifs d'empêchement pour venir au dîner auquel elles sont engagées. Une invitation préalable, une affaire, un voyage, un motif particulier pour ne pas accepter, créent souvent des empêchements qui forcent à refuser une invitation.

En répondant de suite, vous êtes polie parce que vous mettez vos amphitryons plus à l'aise. Ils compteront sur vous, ou ils sauront qu'ils peuvent vous remplacer par d'autres convives. Et, comme il est d'usage d'inviter plusieurs jours à l'avance, si ces autres convives étaient invités tard, ils comprendraient bien vite qu'ils n'étaient que sur le second plan, c'est-à-dire invités parce que d'autres manquaient, et ils pourraient en être justement blessés... Comprenez-vous maintenant ?

— Oui, je comprends, et je vois que le savoir-vivre et la politesse, en France, ne sont pas seulement affaire de science et d'habitude ; mais qu'ils sont aussi affaire de cœur et de bienveillance.

— Oui, vous avez raison, et une personne

intelligente et bonne, même sans avoir vécu dans le monde, commettra peu de fautes contre les règles imposées par lui.

— Oh ! vous ne me faites pas un compliment, dis-je en riant, à moi qui, dès mes premiers pas, ai commis la plus lourde des bévues.

— Non, vous avez confondu seulement ; car si, pour une soirée, on peut avoir la faiblesse de se laisser aller à ce sentiment d'orgueil, qui fait arriver trop tard, il ne peut en être de même pour un dîner, où la ponctualité la plus absolue est indispensable.

— Je ne m'en suis que trop aperçue, hélas ! Et sans votre extrême indulgence, j'aurais été honteuse et bien ennuyée toute la soirée. Mais enfin, ce que vous semblez tant redouter, comme maîtresse de maison, doit cependant arriver quelquefois, et des convives peuvent manquer au dernier moment, comme il peut en survenir sur lesquels on ne comptait pas ?

— Certainement ; la première de ces choses arrive quelquefois ; alors on en est quitte pour rapprocher les couverts en cachant avec soin sa contrariété à ceux qui ont été assez aimables pour venir. Quant à la seconde hypothèse, elle ne peut guère se présenter dans un dîner prié, où personne n'oserait venir sans être invité. Cela ne peut arriver que dans l'intimité, et alors, il n'y a ni loi ni étiquette qui obligent ; mais cela peut arriver à la campagne, surtout dans la saison des chasses; alors, comme le fait n'a rien d'anormal, et que tout le monde s'en aperçoit, on sait toujours gré à une maîtresse de maison des efforts qu'elle fait pour remédier à ce qui peut lui manquer, et ce petit événement est souvent la cause d'une gaîté qui, à la campagne, met plus de bonhomie dans la réception. Et à ce propos, je veux vous raconter un fait qui s'est passé devant moi l'année dernière. Il vous prouvera comment l'on peut toujours, avec un peu d'esprit et de tact, se tirer d'une position embarrassante.

..... J'étais invitée, cet été, poursuivit Mme D..., à un très grand dîner, donné à la campagne, aux environs de Paris, en l'honneur d'une dame russe du plus grand monde.

La maîtresse de la maison, jeune femme un peu mondaine, avait reçu, dans un voyage fait l'an dernier à Moscou, quelques politesses chez la princesse Cz..., et elle tenait à lui donner une très haute idée de la politesse française, et de son savoir-vivre à elle, en particulier.

Tout avait donc été combiné dans ce sens, et, certes, elle avait réussi.

Vingt-cinq personnes avaient été conviées pour ce dîner, devant faire suite à une chasse, qui en était le prétexte.

Les amphitryons étaient riches, et il fallait faire quelque chose qui sortît de l'ordinaire. Après y avoir réfléchi, la maîtresse de maison commanda chez Chevet vingt-cinq assiettes d'un plat russe, excessivement cher et recherché, qui devaient être servies aux vingt-cinq convives, comme une surprise sur l'effet de laquelle on fondait les plus grandes espérances.

Une demi-heure avant celle du dîner, le maître du logis, qui dirigeait la chasse, arrive tout effaré raconter à sa femme que leur chasse s'est croisée avec celle d'un de leurs voisins, et que les choses se sont passées de telle façon qu'il lui a été impossible d'éluder l'obligation d'inviter ce voisin et six de ses compagnons au dîner pour lequel on ne comptait pas sur eux.

Malgré la légère contrariété qu'elle en éprouvait, la jeune hôtesse fit bonne contenance; on désorganisa et on réorganisa le couvert, et tout promettait d'aller bien, quand arriva la pensée des vingt-cinq assiettes préparées! Ce fut un vrai coup de foudre au cœur de la jeune femme, et peu s'en fallut qu'elle ne se mît au lit, véritablement malade, pour éviter de paraître à table. Que faire, et comment se tirer de ce mauvais pas?

Il n'était pas possible de laisser sept convives dépourvus de ce *Deus ex machina* du dîner.

Bah! Les femmes, et surtout celles qui ont l'habitude de recevoir, ont toujours quelques ressources dans l'esprit. Il n'était plus possible de rien préparer, de rien commander pour faire l'équivalent de ce qui manquait.

— Eh bien, puisque ce sont les hommes qui me mettent ainsi dans l'embarras, s'écria Mme V..., il est juste que ce soient eux qui en soient victimes ! Les femmes seules, et elle sont au nombre de quinze, auront les merveilleuses assiettes préparées pour tous.

— Et les dix autres, qu'en ferez-vous, ma chère amie? Vous ne laisserez pas à la cuisine des assiettes que vous avez payées trente francs chacune?

— Oh! les dix autres! les dix autres!... Combien avons-nous d'hommes ayant passé la cinquantaine? demanda la jeune femme en riant.

M. V... se recueillit quelques secondes.

— Huit ou neuf, je crois, répondit-il.

— Hé bien ! cela fait justement mon affaire ! Les vieillards seuls auront droit à notre plat exceptionnel.

La chose, ainsi arrangée, fut trouvée charmante, et Mme V... se tira avec esprit du mauvais pas où elle s'était engagée.

Mme D... finissait à peine son histoire, lorsque les fumeurs rentrèrent au salon, où la conversation se généralisa, jusqu'au moment où l'on établit des tables de jeu.

— Je regrette presque, à cause de madame, dit M. D... à sa femme, en me désignant, que vous n'ayez pas voulu faire quelques invitations étrangères pour la soirée ; c'eût été le moyen d'initier un peu plus notre aimable visiteuse à nos mœurs parisiennes.

— Puisque vous me mettez sur ce chapitre, je vais vite expliquer à madame pourquoi je me suis dispensée d'inviter, pour la soirée, d'autres personnes que celles qui ont assisté au dîner.

Et, se tournant vers moi, Mme D... ajouta :

— Cette habitude, conservée dans beaucoup de maisons d'inviter seulement à passer la soirée, lorsqu'on a eu d'autres personnes à dîner, est tout à fait contraire à ma manière de penser et d'agir. Elle a, pour moi, deux graves inconvénients, dont le plus grave est de commettre une impertinence vis-à-vis des personnes qui ne sont invitées qu'à la soirée. Elles ne sont plus sur un pied d'égalité avec les premières, puisque celles-ci ont reçu une politesse plus grande. Et, chose absolument contraire à la bonne réception que l'on doit à tous ses invités, vous mettez en présence des gens qui viennent de bien dîner, qui ont déjà fait connaissance entre eux en buvant des vins généreux qui donnent de l'esprit et de la gaîté, et de nouveaux invités, déjà un peu ennuyés de se sentir sur un second plan, et qui arrivent comme un réfrigérant à l'entrain général. Tout le monde se trouve ainsi mal à l'aise.

Je suis donc absolument contraire à cette manière d'agir. Lorsque vous voulez avoir des soirées, donnez des soirées ; mais, si vous voulez donner un dîner, n'y mêlez pas d'éléments étrangers, avec lesquels vous gâtez le bonheur de tous.

Bien entendu, chère madame, qu'il n'est pas question des grands dîners officiels, où les réceptions du soir sont à peu près indispensables, et nous ne parlons que des réceptions particulières, qui sont les seules qui nous occupent.

— La bévue que j'ai commise en arrivant trop tard, dis-je en rougissant, m'a empêchée de connaître les préliminaires et la petite mise en scène qui suivent l'instant de l'arrivée et le moment où l'on se met à table ; je vous serais bien reconnaissante si vous vouliez, pour moi, combler cette lacune.

— Si, pour les visites, il y a quelques maisons où l'on s'abstient d'annoncer, reprit Mme D..., il ne peut en être de même pour un dîner, où il est nécessaire que tous les convives connaissent au moins les noms des personnes avec lesquelles ils vont se trouver en relations gastronomiques ; aussi le domestique, si c'est une maison riche qui reçoit, la femme de chambre ou simplement la bonne, si on est dans une maison plus modeste, doit s'informer du nom du nouvel arrivant et l'annoncer à haute voix, en ouvrant la porte. — Ce dernier s'avance vers la maîtresse de la maison, qui le reçoit comme un visiteur ordinaire.

Il va sans dire que, quel que soit le sexe des convives, tous doivent laisser dans l'antichambre pardessus et chapeaux, dont un domestique bien appris doit les aider à se débarrasser. A cet effet, une maison bien tenue doit toujours avoir une glace au moins dans l'antichambre, afin que les femmes puissent réparer les légers désordres occasionnés parfois par l'enlèvement d'un chapeau ou d'une coiffure.

Quelques minutes au moins s'écoulent toujours entre l'arrivée du dernier convive et le moment où l'on se met à table. Elles doivent être, autant que possible, utilisées par la maîtresse de la maison pour faire faire une légère connaissance entre les gens qui vont dîner ensemble. Tout est affaire de tact et de bienveillance dans cette demi-présentation, qui a pour but surtout de bien disposer, les uns pour les autres, des inconnus de la veille, qui peuvent devenir des connaissances du lendemain.

A l'heure aussi précise que possible, si tous les convives sont présents, la porte du salon s'ouvre à deux battants, et un domestique ou un maître d'hôtel, suivant l'importance de la maison, prononce la phrase sacramentelle : — Madame est servie !

La maîtresse de la maison se lève aussitôt, et va, elle-même, demander le bras du convive masculin qu'elle a l'intention de placer à sa droite. Puis elle marche la première, comme un chef de file chargé d'indiquer la route et d'aider un peu les convives à trouver les places, qu'il serait de mauvais goût de leur laisser chercher longtemps.

— Oui, je ne me suis aperçue de rien de tout cela, dis-je en soupirant de nouveau, et je ne sais quel est le moyen employé pour indiquer les places, puisque M. D..., m'a immédiatement conduite à celle qui m'était destinée.

— Oh! rien n'est plus simple, reprit mon aimable interlocutrice; on met le nom écrit de chaque convive sur le couvert qui va devenir le sien. Mais, ajouta-t-elle en riant, comme nous aimons beaucoup plus ce qui pare un dîner que nous n'aimons souvent le dîner lui-même, nous avons la faiblesse d'apporter le plus de luxe possible aux petits cartons sur lesquels ces noms sont inscrits d'un côté, avec le menu du dîner de l'autre. Des gravures charmantes, amusantes, poétiques ou quelquefois très drôles, ornent ces cartes, sur lesquelles se trouvent des scènes de chasse ou de pêche; quelquefois un thé ou un cotillon échevelé, un guignol ou un arlequin fantaisiste; tout enfin ce que peut rêver de gracieux ou d'amusant l'imagination des artistes chargés de ce petit travail.

— Mais c'est charmant cela! m'écriai-je. Et, est-ce que j'avais aussi un de ces petits cartons à ma place?

— Mais sans doute, et si vous ne l'avez pas rencontré sur votre couvert, c'est qu'il y a eu forcément, pour vous, un dérangement dans l'ordre du service. Du reste, la plupart des convives emportent avec eux ces petits encadrements, signés quelquefois par des noms renommés dans ce genre spécial, ou souvent peints par les jeunes filles de la maison, qui tiennent à honneur de montrer ainsi un talent charmant chez une femme. Lorsqu'il en est ainsi, vous comprenez combien ce serait leur faire injure que d'abandonner son menu sur la table.

Ces menus, dans les vrais dîners parisiens, ne sont jamais surchargés. On y recherche plutôt les plats fins et savamment cuisinés, que les plats nombreux et à grande mise en scène. Le dîner où l'on ne se réunirait que pour le plaisir seul de manger ne serait pas compris du Parisien. Il lui faut partout de l'art, peut-être un peu de mise en scène ; mais avant tout de l'esprit, de la bonne humeur et de l'entrain.

— Voyons, chère madame, pensez-vous avoir terminé toutes vos questions sur les dîners ! me demanda Mᵐᵉ D... avec son gracieux sourire.

— Il me semble cependant, et c'est une remarque que j'ose à peine vous communiquer, et qui cependant me préoccupe au point de me décider à vous en parler. J'ai vu, vers le milieu du dîner, vos sourcils se froncer et votre regard se faire sévère pour les domestiques lorsqu'un monsieur, placé en face de vous, a passé sa serviette dans son assiette, comme pour l'essuyer. Pourquoi cela avait-il l'air de vous contrarier ?

— C'est que j'ai craint un instant d'avoir reçu, dans notre presque intimité, un homme mal élevé.

— Comment? Est-ce que c'est être mal élevé que de passer sa serviette dans son assiette?

— Sans doute; car on a ainsi l'air de dire à la maîtresse de la maison qu'elle fait servir de la vaisselle sale.

— Mais, cela ne peut-il pas arriver à demi, quelquefois, malgré toutes les surveillances possibles?

— Non, cela ne peut pas arriver dans une maison bien tenue, et c'est précisément pour cela qu'il est presque injurieux de le supposer.

— Que doit-on faire alors, si une pareille exception se présente? si une assiette ou un verre n'ont pas tout le brillant qu'ils doivent avoir?

— Rien n'est plus simple, chère madame; au lieu d'essuyer soi-même ce verre ou cette assiette, ce qui indique des habitudes d'hôtel garni de second ou de troisième ordre, on fait un léger signe au domestique qui passe pour servir, et le seul geste de lui indiquer cette assiette ou ce verre lui fait comprendre qu'il doit immédiatement les remplacer.

Cela me rappelle une petite histoire que j'ai entendu raconter. Elle vous prouvera à quel point cette habitude peut paraître inconvenante.

Un jour, le général Cavaignac, chef du pouvoir exécutif de la deuxième République, avait invité à dîner un de ses anciens camarades, moins favorisé que lui, et qui était resté simple chef de bataillon.

Comme tous les hommes habitués à vivre à la table banale des pensions militaires ou des restaurants, le commandant frotta sa cuillère, passa sa serviette entre les dents de sa fourchette, souffla dans son verre et l'essuya consciencieusement, tout en racontant et rappelant des souvenirs de jeunesse à son ancien chef.

Le général fait signe à son domestique, qui enlève le couvert de son convive et le remplace immédiatement. Et le commandant de recommencer, tout en parlant, à essuyer encore.

Nouveau signe du général, et nouveau couvert.

L'officier continue en même temps et son récit et son nettoyage.

Les sourcils du général se froncent, ses yeux se braquent, terribles, sur le valet, qui redonne une autre fourchette, une autre cuillère et un autre verre.

Et l'autre qui reprend, et frotte, frotte!...

Le général est pourpre, le valet est effaré.

Les couverts se succèdent, et je te frotte, je te frotte, je te frotte, frotteras-tu?

Enfin, le commandant s'arrête :

— Ah çà! mon général, est-ce que vous allez me faire essuyer comme ça toute l'argenterie et la verrerie de votre maison?

Le général comprit. Il eut le bon esprit de se souvenir du temps où, lui aussi, il avait mangé dans les pensions militaires; mais il ne put jamais faire comprendre à son ancien camarade, quoiqu'il rît lui-même de bon cœur de cette petite aventure, que l'on ne doit jamais essuyer la vaisselle, même chez ses amis.

— Que de bévues on peut ainsi commettre, m'écriai-je avec une si profonde conviction que j'en fis rire aux larmes mon aimable interlocutrice. Comment pourrai-je les éviter, moi, étrangère! qui ne connais rien, ne sais rien de vos usages ?

— D'abord, le premier de nos usages de bonne compagnie est de ne jamais rire de l'ignorance des gens de bonne foi, surtout lorsque, comme vous, ils sont étrangers et ne peuvent deviner ce qui ne leur a pas été enseigné. Mais, voulez-vous que je vous donne un excellent moyen de ne vous tromper dans aucun de nos usages?

Mes yeux se portèrent sur Mme D... comme un véritable point d'interrogation.

— Je connais, continua-t-elle, une jeune femme du meilleur monde qui a perdu mari, enfants, famille et fortune. Elle sera aussi heureuse de trouver auprès de vous une position agréable, que vous serez, vous, satisfaite de l'avoir pour vous guider. Voulez-vous que je vous la présente dès demain?

Je tendis, avec joie, mes deux mains à Mme D..., et j'attends demain avec impatience pour connaître celle qui va devenir mon guide, et mon amie, pendant mon séjour à Paris.

III

LES CARTES DE VISITE.

Une leçon sur les visites. — Présentation et entrée en scène de Mme Balmier. — Ce qui concerne les cartes de visite. — Origine des cartes.

Mme D... s'était montrée trop aimable et trop désireuse de m'être agréable pour n'être pas, le lendemain matin, exacte au rendez-vous qu'elle m'avait donné.

Je venais donc à peine de quitter la table du déjeuner, vers une heure, lorsque l'on vint m'annoncer sa visite, avec celle d'une dame qui l'accompagnait.

— J'espère que vous ne prendrez pas cette présentation pour une visite véritable, me dit Mme D..., après le premier échange de politesses, je tiens trop au savoir-vivre pour vous laisser croire que je viendrais ainsi vous voir à une heure où l'on n'oserait se présenter, même chez ses amis.

C'est tout simplement une visite d'affaires que je vous fais, ajouta-t-elle en riant, et nous pouvons bien, tout comme les hommes, avoir quelquefois les nôtres, n'est-ce pas?

C'était une leçon indirecte que me donnait là

Mme D..., et je compris qu'aucune visite mondaine ne pouvait jamais se faire dans la matinée. Et, à Paris, la matinée dure jusque vers deux ou trois heures.

..... Je vous présente l'amie dont je vous ai parlé hier, continua mon aimable hôtesse de la veille; elle est aussi femme du monde que vous puissiez le désirer; et, de plus, elle a une bienveillance générale et un esprit d'appréciation qui en feront, pour vous, le meilleur des guides.

Je saluai la nouvelle venue, qui me rendit mon salut avec une grâce si charmante qu'elle me captiva à l'instant.

Mme Balmier avait trente-six ans, un âge excellent pour être encore jeune et avoir cependant acquis déjà une expérience, qui allait se mettre tout entière à mon service.

Nos conditions furent vite réglées, faites et acceptées; et il fut convenu que, pour nous laisser à chacune toute notre liberté d'action dans notre vie intime, mon nouveau professeur resterait dans sa famille et viendrait chaque jour, après le déjeuner, me donner ses enseignements et passer avec moi tout le reste de la journée.

J'étais si heureuse de la perspective qui se présentait ainsi devant moi, que je remerciai avec effusion Mme D..., qui me laissa, après une cordiale poignée de main, en tête à tête avec ma nouvelle amie.

2.

Vous croyez peut-être que nous fûmes embarrassées ?

Point du tout. Mme Balmier avait une telle aisance dans les manières, elle savait si bien comprendre les choses et les positions, que la glace fût rompue à l'instant même, et qu'il me sembla être devenue moi-même une Parisienne, devant cette Parisienne accomplie.

Elle se débarrassa, sans rien dire, de son chapeau et de son pardessus, qu'elle remit, après avoir sonné, à ma femme de chambre, et, quelques minutes ne s'étaient pas écoulées depuis que nous étions seules, que je me sentais déjà tout en confiance et lui dis en riant :

— Eh bien, par où allons-nous commencer ?

— Vous devez passer au moins une année en France, et vous désirez voir un peu le monde à Paris, n'est-ce pas ? demanda ma nouvelle amie.

— Certes, puisque c'est pour apprendre et connaître ses usages que j'ai quitté mon pays et ma famille.

— Eh bien, si vous voulez le permettre, nous allons faire une liste des personnes que la position de votre mari vous permet de voir, et auxquelles vous devrez l'un et l'autre faire une visite, afin de leur envoyer vos cartes.

— Mais, puisque vous jugez à propos que nous leur fassions une visite, pourquoi envoyer nos cartes ?

— Cela serait, en effet, absolument inutile dans une petite ville, où tout le monde connaîtrait votre présence, où votre visite serait connue, attendue et annoncée d'avance; mais il n'en peut être de même dans ce grand Paris où, si l'on a su par les journaux qu'une dame tonkinoise accompagnait son mari, cela a été aussi vite oublié qu'on y a été indifférent. Vous arriveriez donc, dans les maisons où vous vous présenteriez, comme un événement incompris, qu'il faudrait expliquer, ce qui vous donnerait plus d'ennui que de plaisir.

Votre carte, au contraire, vous fait connaître, vous annonce, demande une réponse, qui vous sera faite de la même manière, et vous vous trouverez, en vous présentant, presque en connaissance avec les gens que vous irez voir.

— Oh! comme c'est difficile, le savoir-vivre! m'écriai-je.

— Mais non, ce n'est qu'une affaire de tact et de bon vouloir, et je suis certaine que vous ne manquez ni de l'un ni de l'autre. — Il y a plus encore, continua Mme Balmier; vous saurez ainsi, à coup sûr, quelles sont les personnes chez lesquelles vous pourrez vous présenter; car celles-ci vous enverront aussitôt leur carte, comme pour vous dire qu'elles désirent entrer en relation avec vous. Vous vous abstiendrez d'aller chez celles qui omettront cette politesse.

— Puisque nous sommes sur le chapitre des

cartes de visite, répliquai-je, que le temps n'est pas beau pour la promenade, et que je me sens un peu fatiguée, voulez-vous m'initier dès cet instant à tous les usages qui les concernent?

— Les cartes ont pour but, dit Mme Balmier, de remplacer les visites dans toutes les circonstances où celles-ci seraient ou impossibles ou créeraient des difficultés désagréables. On doit donc en envoyer aux personnes avec lesquelles on est en relation, ou que l'on connaît seulement, chaque fois qu'il se présente dans leur vie quelque événement qui sorte de la vie habituelle.

— Oui, je le sais, pour les naissances, les mariages, les deuils, n'est-ce pas?

— Et dans bien d'autres circonstances encore. Par exemple, pour le 1er janvier, où nous avons pris l'habitude d'en envoyer aux connus et aux inconnus, usage pour lequel on s'est trop enthousiasmé et qui a dégénéré d'une telle façon que je ne serais pas étonnée qu'il tombât tout à fait.

— Vous trouvez donc cet usage mauvais? demandai-je.

— Moi, au contraire. Il a cela d'excellent, qu'il vous rappelle au souvenir de gens que vous voyez très rarement et avec lesquels toutes relations cesseraient quelquefois sans l'envoi d'une carte pour le 1er janvier; mais à la condition de n'en envoyer qu'à ceux-là, ou à ceux à qui vous devez une simple politesse, que vous ne pourriez rendre autrement. Mais, à quoi bon envoyer une carte à une personne que vous avez vue hier et que vous verrez demain, ou à celle que vous ne verrez jamais et qui vous est indifférente ?

Il y a là, un abus qu'il faut combattre, et dans lequel tout esprit un peu indépendant doit se garder de tomber.

On doit une carte à toutes les communications d'un événement de quelque importance, arrivé parmi ses connaissances, tels que naissance, mariage, mort, changement de position ; cet envoi, précédant une visite, si l'on est en rapports mondains avec la personne de qui on a reçu la communication.

Il est aussi de la plus stricte politesse d'envoyer une carte, sur laquelle il est bon d'ajouter, à la plume, le mot de « félicitations » à une personne qui vient d'obtenir un honneur, une décoration, une médaille honorifique, une position enviée ou désirée par elle. Lorsque vous avez vous-même envoyé des lettres de faire part pour quelque événement arrivé dans votre famille, et que des cartes vous ont été adressées en remerciements, en félicitations, vous devez envoyer encore vous-même votre carte.

Cette nécessité, à laquelle beaucoup de personnes négligent de se conformer, me paraît, au contraire, indispensable ; vous ne la devez point à ceux qui vous auront fait visite, parce que vous rendez la visite.

— Mais, si je ne rencontre pas chez elles les personnes que je vais visiter?

— Pour prouver que vous vous êtes présentée vous-même, au lieu d'envoyer simplement une carte, vous faites un pli à votre carte, soit en la cornant, soit en repliant l'un des petits côtés tout entier. Ce petit repliage, nécessaire, ne peut avoir de règles fixes sur la manière dont il sera effectué, car les gens qui veulent une mode à tout, changent tous les ans cette mode, à laquelle les personnes plus sérieuses ne sont pas obligées de s'astreindre.

Un voyage, une absence un peu prolongée, créent encore là nécessité de l'envoi d'une carte à ses connaissances, au moment du départ et à celui du retour.

Les premières doivent alors porter en tête les lettres P. P. C., ce qui veut dire : *Pour prendre congé.*

Il y a des personnes, qui poussent si loin les nécessités de la science du savoir-vivre, qu'elles font faire leurs cartes avec les indications et le but pour lesquels elles sont adressées. Ainsi l'un des coins portera : P. P. C., *pour prendre congé.* Un autre : P. R., *partie remise*, le troisième P. C., *pour condoléance*, enfin le quatrième N. P., ce qui veut dire : *N'oubliez pas.* Lorsque l'on veut s'en servir, on corne le coin qui indique le motif pour lequel la carte a été envoyée.

— Si je me permettais d'émettre un avis sur des usages que je veux avant tout respecter, répondis-je, il me semble que je dirais que ces petits détails touchent un peu à la puérilité.

— Et vous auriez raison, reprit vivement mon aimable professeur; car, s'il est bien et convenable de se soumettre aux usages qui touchent à la politesse et au savoir-vivre, il faut éviter de montrer un trop petit esprit, en s'attachant à la lettre, au lieu de ne voir que le côté élevé qui a été l'instigateur d'un usage aussi répandu que l'est celui des cartes de visite.

Ainsi, je vous engage à ne jamais vous préoccuper de la mode qui, tantôt fait mettre, sur un très grand carré, un nom minuscule qu'on ne saurait lire qu'avec un microscope, et tantôt d'énormes lettres, sur un tout petit carton, qu'elles remplissent en entier. Non, la carte de visite d'une femme distinguée sera toujours simple, blanche, sans prétention, en caractères très lisibles, sans affecter ni grandes ni petites lettres.

— Vous parlez des cartes de visite d'une femme; mais, toutes celles que j'ai vues ou reçues jusqu'à ce jour sont toujours doubles, c'est-à-dire que le nom du mari se trouve avec celui de sa femme. Est-ce donc qu'il y a des femmes qui ont des cartes à elles seules?

— Mais sans doute, même celles qui ont leur mari et des cartes portant le nom de *monsieur et madame.* Ne faut-il pas en avoir pour les visites que l'on fait seule, lorsque l'on ne rencontre pas les gens que l'on est allé voir? N'en faut-il pas pour les amies seules, et pour mille petites circonstances où une femme ne saurait toujours se parer de son mari?

— Ah! une explication, que j'ai encore besoin de vous demander! Pourquoi vois-je certaines cartes, portant une adresse, et pourquoi d'autres n'en ont-elles pas?

— Ah! c'est que, toute Tonkinoise que vous soyez, vous rêvez la liberté féminine, en France, un peu plus avancée qu'elle ne l'est réellement, et vous n'avez pas remarqué que, presque toujours sous l'égide de son mari, la femme ne donne pas son adresse, et que ce sont précisément les cartes où son nom se trouve qui en sont privées. Il est alors nécessaire qu'une carte du mari seul, celle-ci portant son adresse, accompagne celle qui porte monsieur et madame.

— Mais enfin, il y a des femmes qui n'ont pas de mari, qui sont veuves, qui ont besoin aussi de donner leur adresse, est-ce donc que cela leur est défendu?

— Certes non, reprit vivement Mme Balmier. et je dirai même que cela n'étant défendu à personne, il y a des femmes assez indépendantes pour mettre quand même leur adresse sur leurs cartes. Je ne vous parlerai pas seulement des femmes veuves qui, chefs de famille, doivent en prendre les attributions dans les petites comme dans les grandes choses ; mais les femmes qui appartiennent à une catégorie quelconque de travailleuses, comme les artistes, les femmes de lettres, les professeurs, celles qui tiennent au commerce ou à une industrie quelconque, toutes celles enfin qui sont quelque chose par elles-mêmes, sont obligées d'avoir leur adresse sur leurs cartes.

— Même les jeunes filles ? demandai-je.

— Une toute jeune fille n'a presque jamais une position indépendante ; et si, par hasard, cela arrive, elle entre dans les exceptions, qui ne sont jamais tenues à suivre la règle établie pour la généralité. Or, dans la généralité, une jeune fille, habitant avec ses parents, n'a jamais de cartes. Lorsqu'elle fait, avec sa mère, une visite où il est nécessaire d'en laisser une, elle écrit simplement son nom au crayon au-dessous de celui de sa mère, en le formulant ainsi : *Et Mademoiselle X.*; on ajoute avant le prénom, s'il y a plusieurs sœurs.

— Mais si une jeune fille n'a pas de mère ?

— Elle fait alors des visites avec son père, qui ne doit pas la laisser accomplir seule ce devoir, et elle agit comme elle aurait fait avec la carte de sa mère. Une jeune fille qui n'aurait ni père ni mère ne ferait point seule une visite à des étrangers ; elle serait toujours accompagnée par une tante, une amie intime, et les choses se passeraient toujours de même, à moins que, comme je le disais tout à l'heure, elle n'ait une de ces positions qui la posent en exception, et elle n'écoute alors que la nécessité, le tact ou les convenances.

Ici Mme Balmier s'arrêta, et me regardant en riant :

— Mais, j'y pense, dit-elle, vous qui me questionnez tant sur les cartes de visite, vous seriez bien plus à même que moi de donner des renseignements à cet égard. Il me semble que c'est en Chine que cet usage a été établi, alors que nous ne connaissions pas encore ce que c'était que l'imprimerie et même la fabrication du carton.

— C'est vrai, répondis-je ; mais il y a une si grande différence entre la carte chinoise et la carte française que je ne sais jusqu'à quel point elles peuvent être comparées. Nous n'avons point, comme vous, quelques centaines de cartes banales, faites sur le même modèle, et s'adressant à tous indistinctement, comme une monnaie ayant cours. La carte de visite, en Chine, n'est en usage que dans ce que vous appelez le très grand monde, et ce sont gens, ou qui ont du temps à perdre, ou beaucoup d'argent pour se faire servir, et l'on prépare une carte particulière pour chaque personne à qui l'on désire en envoyer. Cette carte est généralement l'expression du sentiment d'affection ou d'estime que l'on a pour ceux à qui on l'adresse

Elle sera de couleur tendre pour ceux que l'on aime, et de couleur éclatante pour prouver son estime. Plus elle sera rouge, et plus elle flattera l'amour-propre et la vanité de celui qui la recevra. Il en est de même de la grandeur. Une petite carte est presque un signe de mépris, et il n'est pas rare de voir pousser cette exagération jusqu'à des limites dont vous, Français, vous ne feriez que rire. Le fait le plus typique à cet égard, et que l'on raconte comme une gloire nationale, est l'envoi du *tirré*, c'est le nom donné aux cartes de visite en Chine, fait par le vice-roi de Petchili à un ambassadeur anglais, lord Macartney. Cette carte, du rouge le plus éclatant, avait une telle longueur, qu'après avoir habillé, de pied en cap, votre génie de la Bastille, elle aurait pu revenir jusqu'en bas, après s'être enroulée dix fois autour de la colonne. Elle doit, dit-on, être déposée dans les archives anglaises, où lord Macartney l'a fait remettre à son retour à Londres.

— Devant ce fait, reprit Mme Balmier, je ne puis que prendre en pitié nos pauvres petites cartes. Elles me rappellent la mystification d'un riche père de famille avare, faisant tailler dans une pièce de drap des habits à ses fils. Ces fils étaient au nombre de cinq; mais il ne s'agissait, pour le moment, que d'habiller les deux aînés. Le drap était mesuré juste, le tailleur prend ses dimensions et, désireux de plaire au riche client, il déclare sans hésitation ni

embarras, qu'il fera les deux vêtements demandés.
— Diable! se dit l'avare, je suis sûr que j'aurai donné trop de drap pour deux! Et s'adressant de nouveau au tailleur : — Je parie, dit-il, que vous trouveriez trois habits dans mon drap? — Tout de même, répondit l'ouvrier. — Mais alors? Peut-être en pourriez-vous faire quatre? — Oh! cela se peut, monsieur, dit le tailleur. — Mais, j'ai cinq fils, reprit le père; avec un peu de bonne volonté vous pourriez probablement me faire cinq habits dans ma pièce de drap? — Va pour cinq habits, monsieur, dit le brave tailleur, qui ne voulait pas contredire. — Et, comme il n'y avait pas d'autre fils à habiller, l'avare le laissa cette fois emporter le drap. — Au bout de quelques jours, on vint lui dire que les habits, au nombre de cinq, étaient dans sa chambre à coucher. Le père s'y rend tout joyeux, se frottant les mains de la chance qu'il a eue de trouver un pareil tailleur. Mais, quelle fut sa stupéfaction! Il avait bien cinq habits charmants, bien faits; mais cinq habits pouvant habiller cinq poupées! — Le tailleur était un bonhomme, mais c'était aussi un homme d'esprit, qui avait voulu donner une leçon à l'avare.

— Eh bien, oui, répliquai-je en riant, vous avez bien compris, car vos cartes minuscules, auprès des nôtres, donneraient peut-être la même impression à mes compatriotes, qui ne sont pas encore venus en France. On les prendrait pour l'expression d'une... économie incomprise, et l'on en rirait... comme vous riez des cinq petits habits du tailleur.

Ce qui prouve, ajoutai-je, que nous sommes bien tous taillés sur le même moule et que nous sommes toujours disposés à rire de nos travers, lorsque nous les rencontrons chez les autres.

IV

SOIREES INTIMES

Invitations permanentes. — L'art du visiteur, de la maîtresse de maison. — Artistes amateurs. — Comment on part. — Après. — La médisance. — Toilette de visite.

Mon éducation parisienne se faisait d'une façon si charmante avec Mme Balmier, qu'il m'était toujours désagréable de la voir me quitter le soir lorsque rien ne pouvait la retenir auprès de moi. Je savais que, quoiqu'elle fût sans fortune, elle n'avait point abandonné complètement ses anciennes relations, et qu'elle accompagnait quelquefois sa sœur et sa nièce dans le monde.

Un soir, que je lui avais paru un peu ennuyée de la voir partir. — Voulez-vous me permettre de vous engager à nous accompagner en soirée, ma sœur et moi? me demanda-t-elle gaiement. Cela vous initiera un peu à cette science dont vous aurez besoin pour les grandes fêtes où vous allez être invitée, aussitôt vos visites faites?

— Mais, pour aller avec vous, il faudrait que je fusse moi-même engagée, et je ne le suis pas, répondis-je.

— Vous savez qu'il est convenu que je ne puis me tromper en ce qui touche les convenances, dit en riant Mme Balmier; or, si je vous engage à m'accompagner, c'est que j'ai le droit, de par mon intimité dans la maison et mon invitation personnelle, de vous présenter ce soir chez nos amis H...

— Vous ne m'aviez pas parlé de cette nouvelle invitation?

— C'est qu'elle n'est pas nouvelle, chère madame; elle dépend de cette catégorie d'invitations que l'on fait, une fois pour toutes, à jours fixes, pour tout un hiver. C'est ce que font, en général, les personnes qui veulent recevoir sans donner un caractère cérémonieux à leurs soirées. Elles choisissent un jour par semaine, par quinzaine ou par mois, et les invitations, faites au commencement de la saison, en indiquent le jour pour tout l'hiver.

— Mais c'est une vraie comptabilité à tenir, m'écriai-je, que le registre de toutes ces soirées! Que deviendraient vos malheureux hôtes si vous vous avisiez de la tenir en partie double?

— Ils en seraient quittes pour donner deux soirées pour une, ce dont les Parisiens savent vite se consoler.....

A neuf heures, Mme Balmier était chez moi, toute préparée; et sa sœur et sa nièce devant nous suivre dans une autre voiture, mon mari et moi nous arrivâmes avec notre aimable introductrice, à neuf heures et demie environ, dans la maison où avait lieu la soirée. Cette heure peu avancée répondait à un désir exprimé par les maîtres de la maison.

— En arrivant à cette heure-ci, dit Mme Balmier, nous sommes certains de ne déranger, par notre entrée, ni comédie, ni charade, ce qui est une des distractions les plus usitées dans le genre de soirée où nous allons ; tout au plus pouvons-nous contrarier légèrement une pianiste de bonne volonté, qui se sera sacrifiée pour jouer le premier morceau.

— Quoi ! nous sommes menacés de comédies et de musique d'amateurs ! m'écriai-je avec effroi.

Mme Balmier se mit à sourire.

— Rassurez-vous, me dit-elle ; depuis que, dans les salons, on a pris l'habitude de faire exécuter la musique par de vrais artistes et de faire jouer la comédie par de vrais acteurs, empruntés un peu à tous les théâtres, les personnes qui veulent se hasarder à se donner, elles aussi, en spectacle, ne le font qu'à bon escient et après avoir acquis la certitude qu'elles ne sont point au-dessous du rôle accepté. Aussi avons-nous aujourd'hui des artistes de premier ordre qui se font professeurs de diction ou de chant, au profit des gens du monde, qui deviennent ainsi eux-mêmes de véritables artistes, pouvant satisfaire les plus difficiles. Vous aurez donc la satisfaction, tout en montrant ce savoir-vivre du cœur qui vous conduira à arriver assez tôt pour ne rien déranger au plaisir des autres, d'entendre de très bonne musique et de très jolis vers, souvent fort bien dits.

Le salon était déjà presque rempli lorsque nous entrâmes. C'était la seconde fois que j'étais reçue dans un salon parisien; et, si je m'étais félicitée de la gracieuse réception de M^mo D..., je fus absolument enchantée de celle de ma nouvelle hôtesse. Quel charme savent déployer ces Parisiennes lorsqu'elles veulent plaire et être tout à fait aimables ! A l'instant même, je me figurai être au milieu d'amis déjà connus et anciens. Mme H... se fit, auprès de moi, une toute petite place, comme si elle craignait d'être envahissante; elle sut me mettre en évidence, faire valoir ma toilette, qui faisait, hélas ! ma seule valeur en cet instant, et je ne tardai pas à me trouver si satisfaite, que j'aurais voulu pouvoir devenir une française. Quelques instants après, Mme H... dut me quitter pour recevoir d'autres invités, et j'allais me trouver seule, livrée à mes observations particulières, si mon bon génie habituel, Mme Balmier, n'eût trouvé le moyen de se rapprocher de moi pour me diriger toujours.

En cet instant, une dame, qui n'était plus tout à fait de la première jeunesse, venait de se lever et, acceptant le bras du maître de la maison, elle se dirigea vers le piano, où elle joua, très savamment, un grand et beau morceau, que personne n'écouta, au milieu du dérangement occasionné par l'arrivée de plusieurs personnes, qui se tenaient cependant discrètement à la porte, en attendant qu'elle eût fini.

— C'est vraiment une triste chose pour les pianistes, me dit Mme Balmier; quel que soit leur talent, à moins qu'ils n'aient un de ces noms qui s'imposent, et que l'on se croit obligé d'admirer, il semble que l'on n'attende toujours que l'exécution d'un morceau de piano pour se mettre à causer. Je n'ai pas besoin de vous dire qu'il y a, dans ce fait, quelque chose de si impoli que, s'il n'annonce pas toujours un manque de savoir-vivre, il indique au moins peu de réflexion chez les personnes qui se le permettent.

— Vous voyez bien que nous en faisons presque autant, dis-je en riant, et cependant, vous ne pouvez manquer de savoir-vivre.

— Oui; mais on peut quelquefois oublier un devoir, au profit d'un autre, reprit finement mon interlocutrice. Mais, je crois que l'on se dispose à jouer une comédie, vous allez voir comme on écoutera cette fois.

C'était, en effet, quelque chose de tout à fait charmant que l'apparition, devant une cinquantaine de personnes, presque toutes aimables et bienveillantes, de trois jeunes filles et un jeune homme, frère de l'une d'elles, venant jouer une comédie de Verconsin, dont ils se tirèrent à merveille. Après eux, nous entendîmes quelques scènes des grands classiques, rendues avec presque autant d'art et de talent que si elles eussent été exécutées aux Français; des chanteurs, que la célébrité n'avait point gâtés, des pianistes, connaissant leur talent sans l'imposer.

J'avoue que je ne m'étais point du tout fait une idée de ce qu'étaient ces soirées, vraiment françaises et parisiennes.

— C'est dans ces petites exhibitions de sa personne qu'il faut surtout ne montrer aucune prétention, me dit mon aimable cicérone; car, indépendamment du ridicule qu'on se donnerait, on ne pourrait manquer d'exciter la jalousie des écouteurs qui, il ne faut pas se le dissimuler, appartiennent trop à la nature humaine pour ne pas en conserver souvent les mauvais côtés.

Il n'y a rien qui demande à être plus caché que la supériorité, par celui qui la possède; moins il en fera parade, et plus vite elle sera découverte, tout comme la fleur qui, en s'épanouissant, ne peut plus être dissimulée par son enveloppe verte. Lorsqu'il y a vraiment supériorité, la couverture dont on veut la recouvrir est toujours trop petite. Je ne sortirai pas de la question en vous disant aussi qu'il est du plus mauvais goût de se faire prier lorsqu'une maîtresse de maison a recours à votre talent, quel qu'il soit, pour plaire à ses invités. C'est se donner une importance et s'attribuer une valeur que l'on est d'autant plus disposé à vous contester que vous vous en attribuez trop vous-même.

— C'est probablement, dis-je, ce qui va arriver à ce petit monsieur à binocle, à qui j'ai déjà vu Mme H... parler plusieurs fois, comme pour le prier, et qui me semble faire des mines comme une femme fardée, à qui l'on ferait des compliments sur sa fraîcheur.

Ah ! enfin il se lève et va parler !

Ce petit jeune homme, dit Mme Balmier, est un de ces poètes à l'eau de rose, à qui l'on pardonnerait franchement la médiocrité de ses vers et de sa diction, s'il voulait rester simplement ce qu'il est, un jeune rimeur, agréable... quelquefois ; mais il arrive justement à l'heure pour vous donner un exemple de la prétention ridicule dont je viens de vous parler.

C'était vrai !... Le déclamateur voulait nous faire pleurer et tressaillir ; il n'arriva qu'à amener un fou rire, d'autant plus accentué que la politesse et la bienveillance l'avaient retenu pendant quelques instants. Mais le malheureux était parti ! Plus il s'était fait prier et attendre, et plus il lui fallait rattraper le temps perdu. A la pièce larmoyante, succéda un chant de guerre, puis une ode à la lune et aux étoiles, puis... puis...

Mme H..., sur les épines, invoquait en vain le ciel et la terre pour lui donner un moyen d'arrêter ce torrent...

Elle le trouva dans un plateau de punch, apporté par un domestique, dont l'esprit d'à-propos fut fort goûté en ce moment.

— Est-ce que les rafraîchissements se servent toujours ainsi ? demandai-je.

— Non ; lorsque la soirée est peu nombreuse, et se compose d'une vingtaine de personnes, il est plus ordinaire de disposer le thé et les gâteaux sur la table de la salle à manger, comme on le ferait pour un couvert, avec petite serviette et tasse dans une assiette de dessert. Vers onze heures ou minuit, le maître de la maison donnant l'exemple, les hommes offrent leur bras aux femmes et les conduisent à ce petit couvert où, l'espace manquant pour tout le monde à la fois, elles prennent seules place, avec la maîtresse de la maison. Les domestiques passent derrière en offrant du thé ou du chocolat, quelquefois du bouillon ou de la bière, et l'on se sert soi-même les sandwichs, les petits pains au jambon et les gâteaux de toutes sortes, qui se trouvent sur la table. Cette station doit peu se prolonger car, les dames levées et retournées au salon sont immédiatement remplacées par la partie masculine de la société, aussitôt après que les domestiques ont fait disparaître les traces des premières occupantes, en remplaçant tasses et serviettes.

Quelquefois il arrive que personne ne s'assied et ne s'attable ; et alors, hommes et femmes, prennent debout, autour de la table, les rafraîchissements qui y sont disposés et leur sont offerts par les maîtres de maison eux-mêmes et surtout par les jeunes filles.

Mais cela ne peut se passer ainsi dans les réunions plus nombreuses, et l'on est obligé de faire passer les rafraîchissements que les domestiques offrent sur des plateaux. Ils se composent en général, d'abord de punch ou de vin chaud, de sirops, de thé ; et, un peu plus tard, de chocolat, auxquels se joignent des petits fours de toute sorte, des sandwichs, et des glaces, qui plaisent toujours à tout le monde,

La maîtresse de maison doit veiller alors à ce que personne ne soit oublié par les domestiques, qui doivent passer assez souvent, et toujours dans les moments de repos, pour que tout le monde soit satisfait.

— Il me semble, dis-je en riant, que les hommes doivent préférer la première manière, car je ne puis m'empêcher de les prendre en pitié, ces malheureux, dont je n'ai pas vu un seul trouver un siège depuis le commencement de la soirée.

— C'est ce qui arrive inévitablement dans les réunions nombreuses, où il est impossible de loger assez de sièges pour tout le monde. Un homme serait mal appris s'il restait assis pendant qu'une femme resterait debout ; il faut donc qu'il accepte gaiement ce petit sacrifice au savoir-vivre.

— Bah ! Ils se rattrapent assez sur tant d'autres choses !

— J'ai pourtant une sorte de remords de vous tenir ainsi éloignée, pendant toute la soirée, de votre sœur et de votre nièce, dis-je à Mme Balmier. Avouez que mon éducation parisienne vous donne parfois quelques ennuis.

— Mais elle me paraît déjà fort avancée, cette éducation, reprit ma compagne, car vous venez d'exprimer une pensée essentiellement civilisée et tout à fait mondaine. Non, non, rassurez-vous ; je n'ai ni regrets ni ennuis, et, pour vous mettre tout à fait à l'aise, je vous demanderai la permission de vous présenter demain mes parentes, ce que je ne pouvais faire complètement ici ; vous pourrez ainsi, et autant que cela vous plaira, vous mêler à notre vie et apprendre bien mieux nos usages en vivant avec nous et comme nous. Ma sœur est une vraie et excellente mère de famille, et Thérèse est si bonne et si charmante, que j'espère vous voir aussi heureuse que moi de ce rapprochement.

Pour toute réponse, je serrai la main de Mme Balmier, en lui adressant un sourire reconnaissant.

En ce moment, une dame âgée et une jeune fille passèrent assez rapidement devant nous, comme si elles voulaient se dissimuler adroitement, et je les vis disparaître derrière la porte du salon. On jouait un assez long morceau de piano, accompagne de violon, qui attirait l'attention de tout le monde.

— Pourquoi ces deux dames s'éclipsent-elles ainsi? demandai-je. Ne devraient-elles pas, au contraire, éviter d'apporter le plus petit dérangement à l'attention générale?

— Aussi l'ont-elles fait de la façon la plus discrète, dit Mme Balmier, et je suis certaine qu'elles ne sont parties ainsi, que pour n'être pas aperçues, et vous ne l'auriez pas vu vous-même si vous n'étiez à l'affût de tout ce qui se passe.

— Quoi! elles partent sans même saluer les maîtres de la maison?

— C'est tout à fait l'usage d'agir ainsi, et l'on serait presque ridicule, à moins que l'on ne soit complètement à la fin d'une soirée, de chercher à attirer l'attention sur soi, en saluant ostensiblement quelqu'un, fût-ce même la dame du logis.

On s'éclipse doucement, sans rien dire, et les maîtres de la maison eux-mêmes ne doivent pas avoir l'air de s'en apercevoir. Il serait d'aussi mauvais goût à ceux-ci d'insister pour garder plus longtemps une personne qui s'est levée pour partir, qu'il l'est à un amphitryon de vouloir faire manger ceux qui ne le désirent pas. C'étaient les coutumes du temps passé, bien passé de nos jours. Il était de bon genre, alors, de refuser toutes les choses dont on avait le plus d'envie, ce qui obligeait les gens qui vous les offraient à insister jusqu'à la fatigue pour obliger les autres à accepter, ce qu'ils mouraient d'envie de faire.

Ah! comme nous avons changé tout cela! dirait Sganarelle.

On est si loin de se gêner en ce qui plaît, aujourd'hui, que les jeunes filles en sont venues à avoir un de ces aplombs imperturbables qui donneraient le désir, quelquefois, de rabattre leur assurance. Les grand'mères voulaient avoir l'air de se nourrir de feuilles de roses arrosées de lait de colombe, et les petites-filles se gorgent de porter et de bifteck saignant.

Comme toujours, la vérité est dans la non-exagération de ces manières d'agir. La première manière était l'hypocrisie ; la seconde frise le cynisme ; l'une ne nourrit pas assez, et l'autre nourrit trop.

— Voici un délicieux type de jeune fille arrivant en souriant pour vous offrir une glace, dis-je à Mme Balmier ; celle-là, j'en suis sûre, n'est pas dans vos antithèses. Comme elle est jolie, gracieuse, modeste sans embarras et sans prétention! Oh! dites-moi son nom, je vous en prie.

Ma nouvelle amie se mit à sourire.

— Voulez-vous me permettre de vous présenter Mlle Thérèse Daunon ? me dit-elle en pressant la main de la jeune fille. Ma Thérèse à moi, ajouta-t-elle avec orgueil, et dont vous ferez demain la connaissance, en même temps que celle de sa mère.

En cet instant, Mme H..., qui voyait que l'on se

retirait de tous côtés, se pencha vers nous et, sans presque avoir l'air de nous adresser la parole :

— Restez, nous dit-elle, nous allons, après le départ du plus grand nombre, prendre le thé en famille ; et, puisque madame désire tout connaître, ajouta-t-elle en me désignant, nous allons nous efforcer de lui faire apprécier cette seconde manière, tout à fait intime.

Quelques instants après, nous passions dans la salle à manger.

La table y avait été préparée avec toutes ses rallonges.

Une grande nappe, brodée avec cette simple et charmante broderie à laquelle on a donné le nom de greennaway, ressemblait à une masse de neige sur laquelle on aurait semé des roses. Tout autour, de petites serviettes, semblables, soutenaient des tasses à thé, destinées également au chocolat. Cafetières, sucriers, gâteaux, ornaient le milieu de la table.

On n'y avait oublié ni verres, ni carafes, ni même carafons de rhum, d'eau-de-vie ou de fleur d'oranger.

— Tout ceci est une charmante attention en votre honneur, me dit Mme Balmier ; car, presque toujours, le service se termine pour tout le monde au moment du départ, qui est alors général.

Toutes les dames, qui étaient au nombre de huit, s'assirent autour de la table, où le service fut fait, d'une façon délicieuse, par deux jeunes filles, dont l'une était Thérèse.

Nous rentrâmes au salon où nous fûmes, un quart d'heure après, rejointes par les maris et les frères, et l'on donna, cette fois, le signal d'un départ définitif, où tout le monde put se saluer et se serrer les mains, en se disant : au revoir.

— Etes-vous contente de votre soirée ? me demanda mon amie, aussitôt que nous fûmes installées en voiture.

— Oui, certes ; une seule chose me l'a un peu gâtée, et je n'ai eu garde de vous en parler pendant que l'on pouvait nous entendre.

— Et c'est ? — C'est la remarque que j'ai faite de deux personnes, deux femmes, dont l'une était jeune, et l'autre avait passé l'âge de la coquetterie, qui ont employé leur soirée entière à critiquer non seulement les personnes qui se mettaient en scène, mais même toutes celles qui entraient ou sortaient. J'ai même vu une pauvre vieille femme, dont la toilette était plus modeste que celle des autres, mise si mal à l'aise par cette inconvenance, qu'elle a réussi, après beaucoup de peines et d'efforts, à se faufiler derrière les fauteuils et à disparaître du salon, où elle trouvait peut-être une distraction à la tristesse de sa vie. Quel triste et mauvais génie animait donc les deux autres femmes ?

— Aucun autre sentiment peut-être que le désir de faire montre d'un méchant esprit, répliqua

Mᵐᵉ Balmier. Hélas ! combien de gens sont ainsi méchants et cruels sans s'en douter ! Mais vous voici à votre porte, chère madame, et à demain, dit-elle en me serrant la main.

V

JOUR DE RÉCEPTION

Un salon parisien. — Les visites. — Usages pour les réceptions. — Circonstances où l'on doit tendre la main. — L'art de recevoir; la conversation. — Les circonstances où l'on doit faire des visites.

Le lendemain, à midi, Mme Balmier était arrivée auprès de moi.

— C'est aujourd'hui jour de réception chez ma sœur, me dit-elle; je suis venue de bonne heure pour vous en prévenir, afin que je puisse vous présenter avant qu'aucune visite soit arrivée; vous pourrez ainsi, ma sœur vous y invitant j'en suis certaine, assister au défilé des visites, et vous rendre compte de ce genre de relations d'une façon complète.

— Mme Daunon voit beaucoup de monde? demandai-je.

— Ma sœur est peintre; elle a même de la réputation, et son salon est recherché non seulement par les artistes, mais aussi par les gens qui sont simplement du monde. Vous verrez donc chez elle tout ce que vous pourrez désirer pour votre éducation parisienne.

— Dois-je me mettre en très grande toilette?

— Oui, en ce que l'on appelle *toilette de ville*, c'est-à-dire robe élégante en couleur foncée; pardessus élégant aussi, assorti à la nuance de la robe, ou noir; capote de dentelle noire, avec plumes ou fleurs; aucun autre bijou qu'une broche et des bracelets, voilette noire très courte, sur le visage et non sur le chapeau.

Ces indications étaient faciles à suivre; et, à deux heures, quoique Mme Balmier déclarât que c'était beaucoup trop tôt pour l'heure des visites, nous partîmes pour la réception de Mme Daunon, avec laquelle il me fallait le temps de faire connaissance. Le salon dans lequel nous entrâmes était encore désert; mais il était absolument prêt pour recevoir les visiteurs. La maîtresse de la maison se faisant un peu attendre, ce que nous ne pouvions lui reprocher puisque nous avions devancé l'heure des visites, j'eus le temps d'examiner en détail ce salon éminemment parisien et artistique.

A l'encontre de quelques autres, que j'avais déjà entrevus, où les tableaux formaient du haut en bas une tapisserie dans laquelle il n'était pas toujours facile de démêler le bon grain de l'ivraie, quelques tableaux de grande valeur, au milieu desquels se rencontraient sobrement quelques œuvres du peintre chez lequel je me trouvais, ornaient d'une façon intelligente les murs, sur lesquels se remarquaient aussi quelques bronzes et quelques esquisses, signées de noms qui disposaient à l'admiration.

Les tentures, portières, rideaux, tapis, n'avaient peut-être pas une grande valeur vénale ; mais tous étaient choisis ou confectionnés avec un vrai goût d'artiste, qui annonçait toujours la femme, et souvent la jeune fille, car c'était elle, à coup sûr, qui avait brodé ces riches coussins posés sur les sièges; orné de peluche drapée ces jardinières garnies de fleurs fraîches et odorantes.

C'était elle qui avait disposé ces sièges, prêts à recevoir les visiteurs, en leur ôtant, par la manière dont ils étaient placés, cette raideur cérémonieuse qui a l'air de dire : « Vous êtes les premiers arrivés, ceux à qui l'on réserve la froideur de la première heure. Non, tous ces fauteuils, ces coussins, ces poufs, ont l'air d'amis avec lesquels on a déjà fait connaissance; ils ne sont pas placés avec désordre ; mais ils sont légèrement inclinés vers la cheminée, comme si l'on venait déjà de les occuper.

Le salon est chaud ; on sent que le feu de gros bois qui brûle dans la cheminée est allumé depuis quelques heures déjà pour donner le bien-être et la vie à ceux qui vont venir.

De nombreux coussins et tabourets sont jetés par-ci par-là sur le tapis, afin que, sans en exprimer le désir, chaque femme trouve sous les pieds ce petit support qui repose.

Je remarquai aussi, mais sans étonnement, car j'avais déjà deviné ce que devait être Mme Daunon, que, malgré l'ostracisme lancé aujourd'hui contre les pendules de cheminée, une magnifique pendule très ancienne, aussi belle qu'elle était artistique et bien conservée, ornait magnifiquement la cheminée, garnie de candélabres semblables qui annonçaient de savantes et laborieuses recherches.

Je me disposais à porter mes investigations, qui eussent peut-être été impertinentes en toute autre circonstance, dans les moindres détails de ce *home* si chaud et si sympathique, lorsqu'une porte intérieure s'ouvrit et donna passage à Mme Daunon et à sa fille Thérèse.

La présentation fut bientôt faite, et la sympathie bien vite établie. Je connaissais déjà la jeune fille depuis la veille et, à défaut d'autre attrait, elle eût suffi pour être un lien charmant entre sa mère et moi ; mais Mme Daunon n'avait point besoin de ce lien. Plus grande, plus majestueuse que sa sœur, elle en avait la cordialité et amenait le même entraînement vers elle ; et, au bout d'une demi-heure de conversation, je me sentais presque aussi à l'aise avec elle que je l'étais avec Mme Balmier. Il va sans dire que j'acceptai avec empressement l'offre qui me fut faite de passer l'après-midi toute entière dans le salon de mes nouvelles amies.

— Ce ne sera pas tout à fait pour moi que vous serez venue aujourd'hui, me dit Mme Daunon ; mais le cérémonieux jour de la réception n'est pas le seul où l'on puisse voir ses amis, ajouta-t-elle gracieusement, et, comme je suis certaine que vous aller passer prochainement dans cette catégorie, nous vous ferons les honneurs du petit salon intime, sorte de cabinet de travail, où se trouvent ordinairement Thérèse et son frère, lorsqu'il est à la maison, et qui communique par une petite porte à mon atelier, d'où je puis toujours veiller sur mes enfants.

— Oh! le petit salon! comme je l'aimerai! m'écriai-je presque involontairement.

— Et oui, vous l'aimerez! reprit vivement Mme Balmier, car vous y trouverez la vie de l'intelligence à côté de celle du cœur; car là vous apprendrez à connaître Thérèse et sa mère, qui, pour moi, résument cette vie tout entière, et vous vous direz plus d'une fois, après y avoir passé quelques heures :

— Et moi non plus, je n'ai pas perdu ma journée!...

Cette phrase n'avait pu encore obtenir une réponse, que la porte du salon, en s'ouvrant, laissa passer la voix de la femme de chambre, qui annonçait les premiers visiteurs.

La première personne introduite était un homme d'une quarantaine d'années, d'assez piètre mine. Il vint saluer Mme Daunon, qui ne se leva pas du fauteuil dans lequel elle était assise auprès de la cheminée, presque en face de la porte d'entrée;

mais elle lui tendit gracieusement la main, et lui indiqua un siège, placé non loin de celui que j'occupais auprès d'elle.

Cette action de tendre la première la main à un homme, pour lequel elle ne s'était même pas levée, me parut étrange de la part de Mme Daunon; et, pendant qu'elle causait assez activement avec quelques nouveaux arrivés, j'en demandai l'explication à sa sœur, assise presque derrière moi.

— En quoi cela peut-il vous étonner? dit Mme Balmier, ne savez-vous pas qu'un homme, surtout s'il est jeune et s'il n'a pas une position sociale plus élevée que la femme à laquelle il s'adresse, ne peut le premier lui tendre la main? C'est une preuve de bienveillance ou d'intimité qui, en toutes circonstances, appartient à celui qui doit faire honneur à l'autre.

Une femme doit donc la première la tendre à un homme à qui elle veut accorder cette faveur; le vieillard doit la tendre au jeune homme, une femme mariée à la jeune fille, et toujours un supérieur en position sociale à celui qui lui est inférieur. Tendre la main est une politesse et une preuve d'égalité qui ne peuvent être données que par celui qui veut honorer celui auquel elles s'adressent. Quelle serait la position de la personne qui, dans une position inférieure, se verrait refuser la main qu'elle aurait maladroitement tendue?

Elle doit donc, si elle a quelque savoir-vivre,

attendre cette marque de déférence ou de sympathie de celui ou de celle qui l'honorera.

En cet instant, un nom assez connu dans la science pour être venu jusqu'à moi se fit entendre à la porte.

Toutes les têtes se retournèrent vers un vieillard, qui s'avança, comme les autres, vers Mme Daunon pour la saluer; mais je remarquai que celui-ci avait la main ouverte et tendue, et que Mme Daunon ne la prit qu'après s'être levée elle-même pour recevoir ce visiteur, qui prit simplement sa place parmi les autres.

— Levez-vous, et venez vous mettre auprès de moi, me dit tout bas Mme Balmier, en m'indiquant à demi du geste et de la voix une vieille dame qui venait d'entrer, et à laquelle je compris que je devais offrir ma place.

— Cela se fait toujours ainsi, me dit mon très aimable guide; la place auprès de la maîtresse de la maison étant censée être la meilleure et la plus honorable, doit être un peu partagée entre tous, et offerte par celle qui l'occupe à la dernière arrivante. Cette règle n'est pas absolue, et une femme âgée ne la subira pas en l'offrant à une jeune femme; mais elle doit être indiquée comme l'une de ces lignes de conduite qui laissent une large part au tact des visiteurs.

Si Mme Daunon était une jeune femme, au lieu de s'être approprié une place, auprès de laquelle on doit venir la chercher, elle en changerait elle-même pour aller s'asseoir auprès des visiteuses plus âgées ou auprès des nouvelles arrivées; mais elle laisse un peu ce rôle à sa fille, ne voulant pas faire de son jour de réception un jour de fatigue, qu'elle redouterait au lieu de l'attendre avec plaisir. Cependant, il lui arrivera quelquefois, comme vous le verrez, de quitter son fauteuil pour l'offrir à une personne très âgée, homme ou femme, qui aura besoin d'une place plus confortable, auprès du feu, ou quelquefois pour se rapprocher d'un visiteur ou d'une visiteuse, placés trop loin d'elle, et à qui elle veut faire un accueil plus sympathique que ne le permettrait son éloignement.

Cette action ne doit jamais viser à être une leçon, une maîtresse de maison ne devant être que gracieuse et aimable chez elle; mais elle peut quelquefois faire comprendre, à la visiteuse qui s'est trop attardée à la place d'honneur, qu'elle aurait bien fait d'offrir et de céder cette place.

Une dame se leva pour partir. Elle était jeune et très élégante; Mme Daunon se leva aussi, ce qu'imitèrent spontanément, mais en se rasseyant aussitôt, toutes les personnes présentes. Mme Daunon seule resta un instant debout, jusqu'après le salut de la visiteuse, que Thérèse accompagna jusqu'après la porte du salon, qu'elle dépassa tout juste. Après la jeune dame, ce fut le tour du monsieur, le premier arrivé. Comme en entrant, il s'inclina devant la maîtresse de la maison, adressa, sans la moindre affectation, un léger salut général, et il se retira sans que personne se levât ou l'accompagnât.

Il n'en fut pas de même pour une vieille dame, assise depuis quelques instants auprès de Mᵐᵉ Daunon. Lorsqu'elle se leva, tout le monde l'imita pendant quelques secondes; mais la maîtresse de la maison l'accompagna jusqu'à la porte du salon, derrière laquelle Thérèse la suivit jusqu'à la porte de l'appartement, toujours ouverte à chaque nouveau départ par la femme de chambre.

Il en fut à peu près ainsi pour le vieux savant, dont la visite honorait le salon dans lequel il se présentait.

— S'il était jeune, et quel que fût son mérite, il n'en serait pas ainsi, me dit tout bas Mᵐᵉ Balmier; mais la vieillesse et la science sont, pour toute personne bien apprise et qui a du cœur, deux puissances suprêmes devant lesquelles doivent plier les lois établies pour le reste du monde.

— Mais, ce n'est plus tout à fait de l'égalité, cela, dis-je en riant, et je croyais que, en France, c'était la chose à laquelle vous visiez avec le plus d'ardeur?

— Ah! vous vous méprenez, reprit mon interlocutrice, et voici justement ma réponse qui vous arrive, ajouta-t-elle, en entendant annoncer un nom de marquis et de marquise, au milieu de quelques autres noms des plus plébéiens. Remarquez, s'il vous plaît, la réception de Mᵐᵉ Daunon.

4.

Celle-ci s'était levée, comme pour tout le monde, et je la vis tendre la main aux noms ronflants, tout comme elle le fit à deux nouveaux mariés provinciaux, dont elle s'occupa immédiatement comme pour les mettre à l'aise. Les autres attendirent un instant que leur tour fût arrivé.

— Pourquoi avez-vous eu l'air de dire que les jeunes nouveaux mariés, arrivant de la province, avaient besoin d'être mis à l'aise par la maîtresse de la maison? dis-je tout bas à Mme Balmier.

— Parce que tous les deux me font l'effet de n'être jamais venus à Paris, me répliqua-t-elle sur le même ton; qu'ils seront peut-être embarrassés au milieu d'un monde qu'ils ne connaissent pas encore, et que, peut-être, ils manqueront de la simplicité qui fait toujours tout passer et tout accepter, même les bévues.

— Mais cela me paraît être tout l'opposé de ce que vous craignez, répondis-je; voyez, au contraire, comme cette jeune femme a de l'aisance dans ses manières, et avec quel savoir-vivre et quelle convenance elle vient de céder la place qu'elle occupait auprès de Mme Daunon à une femme plus âgée qui vient d'entrer.

Et son mari! regardez comme on l'écoute dans le petit cercle qui s'est formé autour de lui, là-bas. Mais on dirait presque que ce sont eux qui trônent en ce moment dans le salon.

— C'est que, reprit Mme Balmier, nous vivons

encore trop sous l'empire des préjugés qui pouvaient avoir leur raison d'être autrefois, et qui sont absolument détruits aujourd'hui par les rapports directs et continuels qui existent entre Paris et la province. Je me rappelle avoir vu, dans mon enfance, et avant l'établissement des chemins de fer, de pauvres femmes que leur curiosité où les affaires de leurs maris appelaient momentanément à Paris. Elles étaient contentes, après, d'y être venues ; mais comme on est content de narrer une aventure dans laquelle on a couru de grands dangers, et dont on présente avec emphase les péripéties, parce que l'on sait se poser en héroïne !

Il y a eu un temps, dans les contrées reculées de la province, où l'on considérait comme le *nec plus ultra* de la toilette une robe de soie, un châle tapis, et un chapeau de paille d'Italie l'été, remplacé par un chapeau de velours noir l'hiver. Le chapeau de paille d'Italie allait, pendant dix ans, tous les printemps, chez le blanchisseur, pour y être remis à neuf, et le chapeau de velours subissait, pendant le même laps de temps, les assauts de la modiste. Et, il y a vingt-cinq ans à peine, ces braves dames, souvent très intelligentes, mais n'ayant pas cette triture de la vie parisienne qui apprend la malice de bon aloi, arrivaient dans un salon parisien avec leur costume traditionnel, n'ayant pas appris, surtout, à considérer les gants et la chaussure comme les adjonctions essentielles qui font juger à l'instant du degré d'élégance d'une femme.

Elles n'étaient pas entrées, qu'elles s'apercevaient bien vite qu'elles étaient le point de mire des regards ironiques des jeunes femmes, et leur embarras, né déjà de leur ignorance des usages parisiens, s'en augmentait encore et en faisait réellement quelquefois un objet de pitié pour les personnes bonnes et bienveillantes.

Ah ! mon ami Sganarelle, comme vous avez changé tout cela ! Je le dirai presque sincèrement aujourd'hui. Lorsqu'une provinciale, si nous pouvons encore employer cette expression, est intelligente et instruite, deux points essentiels pour ma comparaison, je trouve presque toujours sa conversation plus intéressante que celle d'une parisienne. Celle-ci est brillante, elle sait causer sur tout, et elle effleure tous les sujets, comme le ferait l'aile d'un papillon. Elle court, elle vole, ramassant ici une bribe poétique, et là une note étourdissante ; sa main est légère et son langage fleuri s'harmonise délicieusement avec toutes les fleurs qui se présentent sous sa main ou sur son passage ; mais, cherchez ce qu'il y a au fond de tout cela ! Au fond de cette parole brillante et de cette pensée qui n'a fait qu'effleurer les sujets sur lesquels elle a passé !

Il n'y a qu'une fleur dont les pétales, détachés, s'envolent au premier souffle qui passe et ne laisse qu'une tige qui se penche tristement, parce qu'elle n'a plus rien à soutenir.

Il n'en est pas de même de la conversation de la femme qui, n'ayant pas vécu de la vie factice du monde parisien, a pu analyser ses pensées et leur donner une forme qui dure. Si celle-là alors a assez d'intelligence et de savoir pour s'en servir, elle devient une vraie force, pouvant lutter victorieusement toujours avec la première.

Vous ne pouvez donc être surprise de ce qui arrive en ce moment avec nos nouveaux visiteurs. Mais, notez bien que j'ai parlé de la femme intelligente et instruite ; celle, au contraire, qui a l'esprit vide et le caractère peu élevé, conservera des habitudes qu'elle a prises au milieu des petites villes, la coutume de s'occuper uniquement de la conduite et des actions de son prochain. Rien n'est si déplorable et si mauvais.

Tenez, justement, nous en avons en ce moment un exemple.

Remarquez avec quel tact Mme Daunon vient de rompre la conversation de ces deux dames placées à notre droite. Elles commençaient une critique malveillante que, je le sais, ma sœur ne supportera jamais dans son salon.

— Mais vous m'avez dit qu'elle n'aimait pas non plus qu'on y causât de politique et de religion ?

— Non, toutes ces questions sont trop passionnantes, aujourd'hui que les opinions sont libres de se donner cours à leur guise, et il vaut toujours mieux s'en abstenir, lorsque l'on veut rester dans les limites du savoir-vivre et de la bonne compagnie.

— Mais de quoi peut-on causer alors ?

Mme Baumier me regarda avec étonnement.

— Comment, vous, une voyageuse intrépide, une amie des arts et des découvertes nouvelles ; vous que j'ai vue vous passionner devant un microscope et perdre le désir d'aller dîner pour correspondre par un téléphone ; vous qu'une soirée passée à l'Opéra ou aux Français transporte d'aise pendant toute la journée qui précède ; vous qui rêvez l'affranchissement de celui qui souffre, et l'éducation de l'enfant faite en vue de son bonheur et de son développement futur, etc., etc., vous me demandez sérieusement de quoi on peut causer dans un salon où l'on cause ?

— Mais tout cela est sérieux, et je croyais...

— Que nous n'étions que des poupées, ne pouvant attacher notre esprit qu'à des choses frivoles. Mais, ce que vous ignorez encore, c'est que nous savons donner une tournure légère en apparence aux choses mêmes qui semblent le moins s'y prêter, et que cet art de la conversation, que l'on dédaigne trop, devient l'un des plus charmants et des plus utiles, lorsqu'il sait faire accepter et trouver délicieuse même la pilule qui, sans lui, paraîtrait souvent amère.

— Oh ! madame Balmier, que de choses nouvelles vous m'apprenez !

— Cependant, repris-je, j'ai toujours entendu dire que la moquerie, fine et spirituelle, était l'un des plus grands charmes de la conversation française, et une dame, avec laquelle je causais hier, me disait : « Il n'y a rien de si amusant, je vous assure, que de chercher les ridicules des gens pour en faire rire les autres. »

— Votre interlocutrice était, à coup sûr, une femme à esprit étroit et mesquin, reprit Mme Balmier ; il est si facile de faire rire par la moquerie, que cette manière d'obtenir quelques rires est absolument repoussée par les personnes qui ont en elles quelques ressources d'esprit et de savoir.

— Mais qu'il est donc difficile alors de bien recevoir, m'écriai-je avec désespoir.

— Non ! cela n'est nullement difficile ; il ne faut que suivre ce précepte : « Ne pas faire aux autres ce que nous ne voudrions pas que l'on nous fît à nous-mêmes ; » avoir de la bienveillance, et laisser aller ensuite les élans de son cœur. Mais, il me semble que nous avons suffisamment traité cette question au point de vue psychologique, ne voulez-vous pas que je vous apprenne en quelles circonstances on est tenu de faire des visites ?

— J'allais vous en prier, et j'écoute de toutes mes oreilles.

— D'abord les visites du jour de l'an sont obligatoires lorsque, étant fonctionnaire, on a des supérieurs hiérarchiques; on en doit aux grands-parents, aux personnes âgées avec lesquelles on est en relations suivies. Celles-là se font la veille, le jour même du premier janvier, ou le lendemain. Pour les simples connaissances on a tout le mois pour s'acquitter de ce devoir mondain.

Ces visites-là, comme toutes les visites de cérémonie, doivent être fort courtes, dix minutes environ, car tout le monde les fait à la même époque, et il faut éviter de faire encombrement. Du reste, lorsqu'il y a beaucoup de monde dans un salon, n'y fussiez-vous que depuis très peu de temps, vous devez vous lever et partir lorsqu'il arrive de nouveaux visiteurs.

Après un dîner une visite est obligatoire dans les huit jours qui suivent. Si un empêchement survient, il faut écrire et non envoyer simplement une carte. Après un bal, une soirée, une série de petites réunions d'hiver, une invitation à la campagne, enfin après toute politesse reçue et acceptée, on doit une visite comme remerciement et expression de reconnaissance. Si vous avez été malade, vous devez, après complet rétablissement, une visite à toutes les personnes qui sont venues vous voir ou s'informer de vous. Si quelqu'un de vos amis est malade, vous devez aussi aller vous-même faire une visite; mais ne jamais insister pour voir la personne atteinte; un malade ne devant être visité dans sa chambre que lorsqu'il en exprime lui-même le désir.

Vous devez une visite de deuil dans la huitaine qui suit la mort; une visite de félicitations pour un mariage, ou pour une naissance dans la quinzaine qui suit la lettre de faire part.

Vous ne devez pas de visite aux jeunes mariés lorsque vous avez assisté à la bénédiction nuptiale; ce sont eux qui doivent, au contraire, faire une visite de remerciement, après le voyage de noces, à tous ceux qui ont assisté à leur mariage. Il n'en est pas de même si vous êtes de la noce et du cortège; vous devez une visite alors aux grands-parents, chez lesquels vous avez été reçus.

— J'ai été fort étonnée, hier, j'étais chez une dame du meilleur monde, qui doit, certes, connaître tous les usages mondains. Elle reçut, en ma présence, l'annonce que l'une de ses connaissances venait d'être nommée à un poste très important. — Nous irons, dès demain, faire notre visite de félicitations, dit le mari. — Non, mon ami, reprit-elle en souriant, il faut bien nous en garder; mais, dès aujourd'hui, je vais envoyer nos cartes. Je ne connais pas assez Mme L... pour avoir osé lui demander la cause de son abstention à faire une visite, mais j'ai compté sur vous pour me le dire, n'est-ce pas?

— La cause en est toute simple, reprit Mme Balmier. En se précipitant pour faire une visite à une personne qui vient d'être haut placée, on craint d'être pris pour un solliciteur et un flatteur. Vous auriez certainement vu Mme L... agir tout autrement si elle avait appris la disgrâce de l'un de ses amis; elle se serait empressée d'accourir pour donner une preuve de sympathie ou d'affection. Il n'y a que les gens sans cœur et sans esprit qui fuient celui qui devient malheureux.

Il y a une foule d'autres visites, dans les relations mondaines, pour lesquelles il est impossible d'établir des règles absolues; elles sont fixées souvent par les usages du pays que l'on habite, et par des convenances dont on ne peut toujours juger d'avance ou à distance.

Il y a cependant une sorte de visite pour laquelle j'ai vu souvent des gens fort embarrassés. C'est celle que doivent faire les personnes, fonctionnaires surtout, qui viennent habiter une ville nouvelle. Fonctionnaires, ils devront, très peu de temps après leur arrivée, une visite aux autres fonctionnaires, supérieurs ou égaux. Habitants, ils doivent visiter les personnes du pays les premiers, s'ils veulent entrer en relations avec elles. Cette visite, qui doit être rendue dans la quinzaine par ceux qui l'ont reçue, doit être récidivée, non par les nouveaux arrivants, mais par les habitants du pays.

En faisant le premier une visite, le nouveau venu a donné une preuve de son désir d'entrer en relations; mais il peut l'avoir faite à des gens qui, ne partageant pas ce désir, sont bien aises de s'en tenir à l'échange de la première visite. C'est donc à ces derniers à faire les premiers la seconde politesse, pour prouver leur désir de relations continues.

Mais il me semble avoir épuisé à peu près tout ce qui peut être dit sur les visites; le salon de Mme Daunon se fait peu à peu désert, voulez-vous que nous nous retirions à notre tour?

Thérèse se leva, et son joli visage s'approcha du nôtre pour nous embrasser, tandis que sa mère nous tendit la main en nous disant : au revoir.

Vingt minutes après j'étais de retour chez moi, et je réfléchissais; et parmi mes réflexions surnageait celle-ci : — Que de choses il faut savoir pour se conduire convenablement dans le monde!

VI

L'ART DE BIEN ÉCRIRE UNE LETTRE

Mme Balmier est souffrante ; elle n'a pu venir depuis trois jours ; sans elle, il me semble que je ne sais plus vivre de cette vie parisienne qui me paraît si difficile.

J'ai pensé un instant à aller la voir et à lui demander la permission de lui tenir compagnie ; mais je suis retenue par un sentiment de délicatesse. Comment vit-elle chez elle ? Peut-être est-elle pauvre et ne veut-elle pas que j'entre en intime dans sa demeure. Du reste, elle m'a dit, elle-même, qu'il ne faut jamais forcer la porte d'une personne malade. Si je lui écrivais !... Mais saurai-je exprimer convenablement ma pensée dans cette langue française si riche d'idées pour ceux qui savent les saisir, et si pauvre de mots, que l'on ne peut pas trouver toujours celui dont on aurait besoin pour rendre sa pensée.

Je n'ai plus osé écrire à personne depuis que j'ai lu cette phrase, devenue si célèbre en France :

Le style, c'est l'homme. Elle m'a paru un peu orgueilleuse, lorsque j'ai su qu'elle avait été écrite par Buffon, l'écrivain le plus correct et au style le plus élégant du siècle dernier. On ne pardonne qu'aux grands hommes de faire ainsi leur panégyrique. J'aime cependant mieux cette définition que celle de Lamennais, qui dit que le *style ne sert qu'à nous déguiser.* Non, je ne veux pas me déguiser en écrivant; je veux dire au contraire ce que je sens, ce que je pense, ce que je sais, et je suis certaine que mon charmant mentor me dira, même quand je ne réussirais pas du premier coup, que c'est là le véritable style français.

Ecrivons donc! Que vais-je lui dire? Eh mais, tout simplement ce que je viens d'écrire ici, afin qu'elle me donne son avis et me donne des enseignements sur l'art d'écrire... Le voilà fait, et j'attends la réponse en m'ennuyant un peu moins que tout à l'heure. Ah! la voici qui arrive! Si elle allait me dire, ou mieux me faire comprendre que je n'ai fait que des bévues! Non, voici sa lettre, que je transcris tout entière, comme un précepte, que je veux toujours avoir sous les yeux :

« Ce que vous me dites est charmant, et l'on croirait presque que vous avez deviné toute seule ce qu'est le style épistolaire, aussi bien que l'avait compris Mme de Sévigné. Elle a été artiste dans ce genre, et grande artiste, tout simplement parce qu'elle a été naturelle. C'est là la principale, je dirai presque l'unique loi du style épistolaire.

« Savoir écrire une lettre n'est autre chose que savoir bien causer. Cherchez dans votre esprit, et peut-être un peu aussi dans votre cœur, ce que vous diriez, si elle était devant vous, à la personne à laquelle vous allez écrire, et écrivez-lui absolument comme vous lui parleriez. Seulement, cette conversation demande à être un peu plus correcte, parce qu'elle sera la conversation qui reste ; mais elle doit être tout aussi naturelle et éviter avec soin tout ce qui peut ressembler à de l'affectation ou à de la boursouflure.

« Nous sommes peut-être à la veille d'être obligés d'en faire autant pour notre conversation parlée, en présence du phonographe qui se montre à l'horizon comme une menace pour les bavards et les médisants.

« Votre style doit absolument refléter votre pensée ; il sera spirituel si vous pouvez ; mais vous devez vouloir qu'il ne soit jamais haineux ou méchant.

« Toutes les femmes ne peuvent viser à écrire comme Mmes de Sévigné, de Maintenon, des Ursins, de Tencin, du Châtelet, du Deffant, de Mlle Lespinasse ; toutes femmes qui ont laissé, dans le genre épistolaire, et à des titres divers, une réputation qui a survécu à leur siècle ; mais toutes peuvent conquérir dans cet art une place charmante, beaucoup plus à la portée des femmes que des hommes.

« Leur esprit fin et souvent spirituel se meut presque toujours à l'aise dans ce cadre familier, qui ne peut avoir aucune visée littéraire.

« Les longues phrases, qui ne doivent jamais se trouver dans une lettre, ne sont pas, en général, l'affaire des femmes; donc leur voilà déjà une supériorité.

« Cependant, il faut beaucoup d'ordre dans les idées pour répondre à une lettre traitant de plusieurs sujets; et... Bah! mettons que toutes les femmes ont beaucoup d'ordre dans les idées!...

« Une lettre intime ne peut être faite tout à fait comme une lettre officielle ou cérémonieuse.

« Tout en étant également naturelle et évitant toute emphase, la première doit avoir beaucoup plus de laisser-aller que la seconde.

« Lorsque vous écrivez à une amie, à une personne inoccupée, pour qui votre lettre sera un plaisir et une distraction, ne craignez pas de donner cours à vos réflexions, et dites tout ce qui paraît devoir l'intéresser ou l'amuser; mais évitez toutes les longueurs et les récits si vous écrivez à une personne étrangère ou occupée, surtout si vous avez pour but de demander un service.

« Les gens heureux n'ont pas le temps non plus de s'occuper de ce qui intéresse les autres, et leur égoïsme s'accommode peu des longs détails. Ne leur dites donc, en leur écrivant, que ce qui est strictement nécessaire. Ceux qui sont tristes ou malheureux, au contraire, ont un besoin de consolations qui les porte à s'intéresser aux autres, et vous devez moins craindre de les importuner.

—« Il y a des personnes qui n'oseraient dire ce qu'elles écrivent quelquefois ; c'est une faute que je vous engage à ne jamais commettre, et les paysans ont pour cela une parole brutale que je puis vous dire comme si je peignais avec un pinceau un peu trop réaliste : — Les paroles, disent-ils, sont des femelles, et les écrits sont des mâles. Cette importance donnée au masculin n'est peut-être pas tout à fait de la galanterie française, mais elle émane de gens qui ne visent nullement à la galanterie, et qui disent ce qu'ils pensent seulement.

« Le style, dans une lettre, doit toujours être particulier à la personne qui écrit ; elle doit chercher dans sa pensée, dans son cœur quelquefois, et ne jamais imiter personne ; ce qui met bien loin, n'est-ce pas, ces livres tout préparés qui ont la prétention d'indiquer ce qu'il faut écrire en toutes circonstances. Ne dites que ce que vous pensez vous-même, simplement, brutalement, plutôt que d'imiter le style ou les idées de personne.

« Il ne faut jamais non plus trop délayer ses idées, car on court le risque d'ennuyer ; il faut les exposer de façon à se faire comprendre, avec le plus de simplicité possible. Dans une lettre, il faut toujours éviter les grands mots et le style pompeux, cela tournerait au ridicule, surtout si vous vous adressez à des amis.

« Il faut surtout tâcher de se mettre au niveau et à la portée des personnes à qui on écrit; respectueux, mais jamais bas ou servile, si l'on s'adresse à un vieillard ou à une personne dans une position supérieure; modeste et sans affectation de supériorité, si l'on s'adresse, au contraire, à une personne inférieure soit par son éducation, soit par sa position. C'est là un moyen bien simple de se faire aimer, que je vous recommande pour vos lettres comme dans votre conduite dans le monde.

« Ne préparez jamais vos phrases d'avance, prenez-les comme elles viennent, tout en cherchant cependant à leur donner le plus d'élégance possible, car simplicité et abandon ne veulent jamais dire relâchement dans le style. Cependant je préférerais encore, dans une lettre, l'incorrection au pédantisme, ce qui est la chose que l'on doit le plus chercher à éviter.

« Il en est un peu des lettres comme des cartes de visite; ne les multipliez pas outre mesure, surtout auprès des gens haut placés, auprès desquels vous pourriez vous mettre ainsi dans une position de trop grande infériorité.

« Quelques personnes pensent qu'il faut se garder de répondre immédiatement à une lettre qui a causé quelque vive impression, soit en bien soit en mal. Les expressions employées alors sont peut-être plus vives que nous ne le voudrions lorsque nous reverrions notre lettre avec plus de calme. Mais ce retard doit surtout être absolu lorsque la lettre reçue soulève notre mécontentement ou notre colère.

« Comme il faut craindre alors de répondre de suite, et comme nous devons réfléchir avant de le faire !

« Nos grand'mères, et même nos mères mettaient plus de cérémonie que nous dans leurs lettres ; mais n'en cherchons pas la cause ailleurs que dans notre manière de vivre générale, qui a bien plus de laisser-aller qu'autrefois.

« On se saluait alors, avec ou sans révérence et presque cérémonieusement toujours ; aujourd'hui, on s'aborde carrément, en se tendant la main, comme si nous étions tous camarades. On mettait en vedette, *monsieur* ou *madame*, simplement ; et nous, dès que nous nous connaissons un peu, nous nous empressons de mettre *cher monsieur* ou *chère madame*; et nous cherchons une expression plus accentuée encore, lorsque nous voulons y joindre notre affection ou notre vive sympathie.

« Tout cela prouve que nous vivons plus extérieurement que ne le faisaient nos prédécesseurs dans la vie.

« Laissons-nous donc aller au courant qui nous entraîne, sans sortir cependant jamais des bornes d'une retenue que nous savons toujours apprécier nous-mêmes.

« On a dit souvent que le *post-scriptum* d'une lettre en renfermait toujours la pensée principale. Eh bien, je n'aime pas les post-scriptum, et je les crois à peu près hors de nos habitudes modernes. Ils ne me paraissent autorisés que pour les lettres tout à fait familières, ou les lettres d'affaires, dans lesquelles on a réellement oublié une chose importante, et que l'on n'a pas le temps de refaire.

« Autrement cela a un petit air vieillot et un peu prétentieux, qu'il faut éviter.

« En ai-je fini, chère madame, avec le style épistolaire ? Ah ! mais non ! La manière de terminer sa lettre et de la fermer est encore une partie du style.

« Il est de mode, aujourd'hui, de ne dater sa lettre qu'à la fin ; la date mise en tête ressemblant trop à une lettre d'affaires ; mais dater sa lettre est chose indispensable, et l'oubli que l'on en pourrait faire serait justement pris pour une preuve de désordre.

« Quelques personnes mettent une devise en tête de leur papier à lettres. Cela se peut faire, à condition que la devise soit personnelle, faite et gravée exprès pour la personne qui s'en sert, et qu'elle n'ait été exploitée par aucune autre. A ces conditions-là seulement la devise peut être mise en tête d'une lettre.

« Celle-ci doit toujours être enfermée dans une enveloppe. On les fait carrées en ce moment. Point de papier de couleur, à moins qu'il ne soit gris ou crème, et un encadrement noir, lorsque l'on est en deuil.

« Et maintenant, adieu; je cesse de vous écrire, de peur de manquer moi-même aux prescriptions que je viens de vous donner.

VII

UN BAL

Arrivée; toilette de jeune fille. — Conduite de la maîtresse de la maison envers les danseuses. — Promenade, buffet. — Une histoire. — Expressions qu'il ne faut pas employer.

Mon mari est entré ce matin dans ma chambre avec deux lettres d'invitation à la main.

— Laquelle voulez-vous choisir? me dit-il en riant. L'une est une invitation pour un grand bal au ministère de l'intérieur; l'autre est une invitation plus simple dans ce que l'on appelle le monde.

— Oh! c'est celle-là que je choisis! m'écriai-je vivement, car je comprends que les deux invitations sont pour le même jour. Ce n'est pas dans une réunion officielle, qui sont à peu près partout les mêmes, que j'apprendrai les usages français, que j'aime tant. Y viendrez-vous avec moi? ajoutai-je.

— Mais, certainement; moi aussi, je veux me conduire en véritable Français, et je sais que, dans ces grandes réunions, que l'on nomme un bal, un mari est toujours bienvenu lorsqu'il accompagne sa femme.

— Oh! comme je voudrais que Thérèse et sa mère y fussent invitées! m'écriai-je en pensant à mes amies.

Je n'avais pas terminé mon exclamation, que ma femme de chambre, après avoir discrètement frappé à la porte, l'ouvrait pour annoncer Mme Balmier.

— J'ai deviné votre désir avant même que vous l'ayez exprimé, me dit en entrant mon aimable cicérone, et c'est moi qui vous ai fait envoyer cette invitation, pour le premier grand bal où doit aller Thérèse, et où nous irons ensemble, avec ma sœur et avec ma nièce, si vous le voulez bien.

— A quelle heure? demandai-je vivement.

— Jamais avant dix heures. C'est le plus tôt que l'on puisse se présenter dans un bal.

Il est cependant du devoir des maîtres de la maison de faire préparer un peu plus tôt les pièces de réception et d'être même prêts eux-mêmes un peu avant l'heure à laquelle arrivent les personnes façonnées aux usages du monde. Il peut s'en trouver, et cela arrive quelquefois, qui, moins habituées à ces usages, ou plus timides, ou plus paysans du Danube, arrivent plus tôt que le gros de la foule; et rien ne peut être plus désagréable que d'arriver dans un salon avant qu'il soit préparé, ou lorsque les maîtres de maison n'ont pas eux-même terminé leur toilette.

Mais, s'il y a des gens un peu trop pressés, arrivant trop tôt à une fête, il y a aussi une autre catégorie qui tient à arriver trop tard, s'imaginant ainsi produire un plus grand effet. Ce sont deux excès qu'il faut savoir éviter. Les premiers sont des bonnes gens; les seconds sont des vaniteux et des poseurs.

Il faut, en tout, pour avoir de la distinction et du savoir-vivre, sans y prétendre, apporter la plus grande simplicité dans ses actions. C'est ce que nous allons rencontrer dans la maison où nous irons à ce bal.

Le soir désigné, mon mari et moi nous étions à neuf heures et demie arrivés à la demeure de Mme Daunon; Thérèse et sa mère venaient de descendre au salon où elles nous attendaient. Mme Daunon, vêtue d'une très belle robe de dentelle noire, n'avait d'autres ornements qu'un collier et des épingles de brillants dans les cheveux. C'était le costume d'une jeune mère, qui sent le besoin de se faire belle encore pour sa fille, mais qui n'a plus aucune prétention pour elle-même.

Thérèse avait une robe de tulle ivoire, à plusieurs jupes, sur un transparent de surah feuille de rose. Ses cheveux, très bas sur la nuque, étaient couronnés par une demi-guirlande de petites roses. Elle n'avait à la main ni calepin ni bouquet;

mais seulement un éventail de satin ivoire, sur lequel elle avait peint elle-même quelques gracieux sujets auxquels s'entremêlaient des roses pâles.

C'était bien la plus délicieuse jeune fille que le bal pût offrir aux yeux qu'elle ne pouvait manquer de charmer. Elle devait surtout ce charme au naturel exquis qui accompagnait toutes ses actions et sa manière d'être.

Elle avait d'autant plus de valeur et de parfum, qu'elle ne se préoccupait en rien de l'effet qu'elle pouvait produire.

A dix heures et quelques minutes, nous arrivions au bal.

On n'est jamais obligé de donner un bal, aussi ne doit-on se lancer dans une réception de ce genre qu'autant que l'on possède tous les éléments de fortune et de confort qui ne peuvent laisser prise à la malveillance et à la critique. Il faut que l'aspect tout entier de la demeure ait un air de fête, qui invite à la joie et au plaisir. Si l'escalier fait partie de l'appartement, on doit l'orner de plantes vertes et de fleurs, dont l'antichambre sera également parée. Des domestiques se tiennent, à l'entrée, pour débarrasser les arrivants de leurs pardessus. Une pièce spéciale doit être réservée pour les dames, afin qu'elles y puissent laisser leurs vêtements et réparer, s'il y a lieu, le léger désordre de leur toilette.

A cet effet, une table de toilette doit offrir aux

arrivantes tout ce qui peut être nécessaire, comme peignes, épingles, poudre de riz, eau fraîche et eau parfumée, etc. Une ou plusieurs femmes de chambre, suivant l'importance de la réception, doivent se tenir à portée de rendre les services qui leur sont demandés, et qu'elles doivent s'empresser d'offrir elles-mêmes.

Nous trouvâmes, à l'entrée du grand salon, quelques amis de la maison, qui s'empressèrent de nous offrir le bras pour nous présenter à Mme et à M. P..., qui se tenaient debout, non loin de la porte d'entrée, afin qu'il fût plus facile d'arriver jusqu'à eux. Ce fut mon mari qui réclama l'honneur d'offrir son bras à Thérèse, ce qui me parut charmer Mme Daunon. Elle nous connaissait déjà assez pour le préférer à un homme qui lui eût été complètement étranger.

Il y avait encore peu de monde, Mme Daunon ayant désiré qu'on ne lui attribuât point la pensée de produire quelque sensation par l'arrivée de sa fille, et nous-mêmes étant heureux de passer inaperçus dans un monde encore trop inconnu pour nous, pour ne pas craindre de manquer à quelques-unes de ses convenances.

Notre présentation, simplement faite par Mme Daunon, qui nous nomma, Mme P... nous indiqua gracieusement elle-même un côté du salon où Thérèse prit place, auprès de quelques autres jeunes filles, sur un siège de devant, tandis que

Mme Daunon, Mlle Balmier et moi, nous nous mîmes sur le second rang, ce qui indiquait notre rôle de tapisserie.

— Peut-être allez-vous vous ennuyer un peu, me dit tout bas Mme Balmier, et vous êtes encore assez jeune, si cela pouvait vous plaire, pour vous mettre sur le premier plan, au nombre des danseuses.

Je souris en la regardant, ce qui, pour elle, valait toute une réponse. Bientôt, une grande affluence de danseurs se présentèrent devant les jeunes filles, dont quelques-unes ne savaient pas dissimuler leur joie. Celles-là, c'étaient les débutantes, elles craignaient plus qu'elles n'espéraient.

Les jeunes gens qui ont quelque savoir-vivre, avant d'engager une jeune fille à danser, semblent en demander l'autorisation, en s'inclinant légèrement devant la mère, ou devant la dame qui se trouve derrière la danseuse.

— Thérèse n'a point de calepin pour inscrire le nom de ses danseurs, dis-je à Mme Balmier. Comment pourra-t-elle se souvenir?

— En ne promettant pas un grand nombre de danses à l'avance, me répondit-elle. Sans blâmer absolument cet usage, qui existe beaucoup moins aujourd'hui qu'autrefois, ma sœur désire que sa fille ne s'engage que pour deux ou trois au plus des danses à venir. Il y a une sorte de prétention orgueilleuse dans cette comptabilité tenue par les jeunes filles qui inscrivent ainsi le nom des danseurs et les danses promises, et Thérèse ne le fera jamais.

— Mais ne peut-elle pas craindre, ainsi, de promettre la même danse à deux danseurs?

— Cette déplorable étourderie, qui peut produire les plus tristes résultats, ne peut être commise par une femme un peu raisonnable et réfléchie, en ne promettant surtout qu'une ou deux danses à l'avance. C'était une jeune fille inscrivant les noms sur un calepin celle à qui est arrivée la déplorable histoire que je vais raconter.

Adeline P. était allée au bal sans sa mère, avec une amie âgée et indifférente, qui ne s'était assise derrière la jeune fille dont elle avait accepté d'être le chaperon que pour s'amuser elle-même. Adeline était frivole et coquette; elle eut bientôt autour d'elle un essaim de jeunes gens, qu'amusaient son babil un peu inconséquent et sa mine évaporée. C'était à qui solliciterait une danse ou un sourire, et l'étourdie inscrivait, inscrivait, sans trop se préoccuper d'arriver toujours juste. Elle était si fière de son succès, qu'elle n'avait d'autre pensée que celle de regarder les autres jeunes filles, ses voisines, comme si elle voulait lire dans leur mine contrariée l'envie qu'elle se figurait faire naître. — Mais, à la huit ou dixième mazurka, un jeune homme, avec lequel elle avait déjà trop souvent dansé, se présenta et lui tendit la main pour l'entraîner encore. En ce moment, un autre danseur se mit devant le premier et réclama un engagement pris avec lui. Les deux jeunes gens se regardèrent avec une colère sourde, qu'ils avaient peine à contenir; Adeline, interpelée par chacun d'eux, ne savait que répondre ; et, hésitante, elle tournait ses regards, un peu anxieux, vers le premier danseur, qu'elle paraissait préférer à l'autre. Mais chacun d'eux soutenait ce qu'il croyait être son droit, avec une persistance que l'on pourrait appeler de mauvaise compagnie. Un homme bien élevé, en semblable circonstance, doit saluer avec une politesse froide la femme qui a ainsi causé ce léger scandale, et se retirer, au risque de voir son adversaire se conduire comme lui, et de laisser seule l'imprudente danseuse.

Adeline n'eut même pas cette triste chance :
Les deux hommes se lancèrent à voix basse un défi, qui devait amener une rencontre. — La vieille dame, assise derrière la danseuse, occupée à causer avec ses voisins, ne s'était même pas aperçue de ce qui s'était passé. Elle ne vit pas non plus l'imprudente accepter, avec un joyeux empressement, la main du premier danseur, qui était revenu seul, après une orageuse discussion, et s'élancer de nouveau avec lui au milieu d'un quadrille.

Mais la soirée ne s'était pas écoulée que tout le monde connaissait l'histoire du duel, qui eut lieu le lendemain, et dont les détails, amplifiés avec la malveillance mondaine, nuisirent tellement à la réputation d'Adeline, qu'elle dut se résigner à vivre isolée et loin du monde, jusqu'à ce qu'elle fût oubliée».

La fête à laquelle nous assistions était absolument charmante, et je remarquai que la maîtresse de la maison, jeune femme qui me paraissait devoir aimer beaucoup à danser, restait cependant quelquefois à sa place.

— Est-ce manque de politesse de la part des invités? demandai-je à Mme Balmier, à qui je venais de communiquer mon observation.

— Mais non, répondit-elle en souriant, c'est au contraire, excès de politesse chez Mme P... Elle ne voudrait pas danser tant qu'elle verrait une de ses invitées privée de ce plaisir. Elle jette un regard attentif autour d'elle; et, lorsqu'elle voit une pauvre femme abandonnée par les danseurs, elle prie gracieusement, et de façon à ce que personne ne s'en aperçoive ou ne s'en doute, le danseur qui la prie, de s'adresser à l'abandonnée, sur les lèvres de laquelle elle aperçoit alors quelquefois un sourire de triomphe ou de bonheur, qui la dédommage de son sacrifice.

Dans le salon d'une femme bien élevée, aucune femme n'aura jamais cette tristesse que l'on appelle *emporter son tabouret.*

— L'expression est drôle, dis-je en riant, pourriez-vous me dire comment elle exprime la position d'une danseuse à qui aucun partner n'a offert la main pendant toute la soirée pour la faire danser?

— Cela vient certainement, répondit Mme Balmier, de ce que l'on attribue un tel dépit à la malheureuse, ainsi abandonnée par tous, que, ne pouvant se lever de son siège pendant plusieurs heures, elle s'y incruste tellement, que lorsqu'elle veut partir elle emporte avec elle le siège qu'elle n'a pu abandonner.

— Chez vous, on ne danse que sur les parquets et jamais sur les tapis, n'est-ce pas?

— Non, lorsque l'on veut donner un bal, ce qui est toujours une assez grave affaire, il faut s'assurer que les pièces sont assez spacieuses pour placer les invités, et réserver aux danseurs l'espace nécessaire à leurs évolutions.

Il faut quelquefois, pour cela, enlever des cloisons, faire déplacer les tapis et les gros meubles, et mettre des sièges surnuméraires en assez grande quantité pour que toutes les dames, au moins, se trouvent assises. Il est d'usage de n'éclairer les salons où l'on danse qu'avec des bougies. Qu'elles soient placées dans des lustres, candélabres ou chandeliers, l'éclairage doit toujours être aussi splendide que possible; il est l'une des plus grandes joies d'un bal, parce qu'il fait valoir la toilette et la beauté des femmes. — Mais là, comme ailleurs, il y a bien quelque femme qui...

— Mais oui, certainement, il y a partout des

femmes laides ou déplaisantes ; mais on ne doit rien faire pour qu'elles s'en doutent, au contraire; et, comme les autres, elles doivent conserver toutes leurs illusions. — Voici le monsieur qui vous a offert son bras pour entrer ; il se dirige vers vous et vient, en homme bien élevé, vous demander la permission de vous accompagner au buffet et faire, si vous le désirez, un tour dans les salons. A votre retour, vous me communiquerez vos impressions...

— Je suis tout à fait enchantée, dis-je en revenant prendre ma place ; M. D... qui m'accompagnait, n'a cherché, dans sa conversation, qu'à me faire valoir, moi et mon pays, au lieu de s'enorgueillir de son nom et de son titre de Français ; je me suis promenée du salon où l'on danse au petit *buen retiro*, vrai cabinet de verdure, où l'on cause, et enfin, au fumoir, transformé en salon de jeu, pour la circonstance. On ne jouait point gros jeu. les maîtres de maison voulant offrir une distraction à leurs invités, et non faire un lieu de spéculation de leur maison. Aussi les jeunes gens qui abandonnent souvent la danse lorsque le jeu prend cette dernière forme, l'abordent-ils en très petit nombre. La place est laissée à quelques hommes et à quelques femmes âgées, que n'intéressent ni la danse, ni la causerie. De là, nous sommes allés au buffet, où j'étais attirée plus encore par le désir de satisfaire ma curiosité, que par celui de prendre quelques rafraîchissements. C'est tout à fait charmant, cette organisation gastronomique.

... Sur une grande table, derrière laquelle se trouvent deux maîtres d'hôtel et quelques garçons, sont arrangées avec art toutes les friandises ou plats froids qui peuvent exciter la gourmandise ou satisfaire aux besoins des danseurs. Je m'en suis approchée, plutôt par politesse pour le vieillard qui m'avait offert son bras, que par besoin ou par gourmandise. Il est tellement inconvenant d'arriver là comme des gens qui n ont pas dîné, que je préférerais m'abstenir complètement que de pouvoir êtreconfondue avec eux.

— Ce que vous dites là est absolument vrai, dit Mme Balmier. Il se faufile aujourd'hui, dans le meilleur monde, des gens assez mal élevés pour spéculer, pour leur estomac, sur les buffets ou les rafraîchissements des bals ou des soirées auxquels ils sont toujours les premiers rendus. Ceux-là se trouvent partout où doivent passer les glaces, les sandwichs ou les petits fours ; et, non contents de s'en bourrer comme des goinfres, ils trouvent encore le moyen de s'en faire une provision pour emporter à domicile.

Et comme je regardais mon interlocutrice avec un étonnement qui ressemblait à de l'incrédulité :

— Je puis, me dit-elle, vous raconter, à l'appui, une histoire dont j'ai été témoin dans une petite ville de province, où j'avais été passer un ou deux mois d'hiver.

Il y avait bal chez le président du tribunal; et, malgré l'abondance que les maîtres du logis avaient ordonnée pour les rafraîchissements, il se trouva quelques personnes, du genre de celles dont je viens de vous parler, qui, ayant spéculé sur eux et ayant probablement fort mal dîné, en avaient absorbé une telle quantité, que la pénurie commençait de se faire sentir

Le maître de la maison, justement contrarié, se tenait auprès de la porte de l'antichambre, où il recevait les saluts des gens qui partaient, lorsque passa près de lui une vieille dame, tenant sous son pardessus un petit sac, tellement gonflé, qu'elle était obligée de le maintenir sous son bras gauche.

Maladroitement, peut-être, en lui tendant la main, le président imprima au bras un petit mouvement qui fit glisser le sac, dont le contenu se répandit sur le parquet. Or, ce contenu n'était autre qu'une énorme provision de gâteaux de toutes sortes, que la vieille dame avait eu l'adresse de glisser dans son sac, apporté certainement à cette intention.

Etourdiment, sans penser à ce qu'elle faisait, la dame fit mine de ramasser son sac et son malencontreux contenu : « O madame ! s'écria le maître de la maison, avec toute la courtoisie d'un homme du monde, ne vous donnez pas cette peine; demain, je ferai porter chez vous l'équivalent de ce que vous venez de perdre. »

La leçon était rude. Fut-elle bien comprise? Mais la conclusion en tout cela est qu'il faut, d'une manière absolue, tout en ne se privant de rien de ce qui peut être nécessaire, se montrer toujours excessivement discret et réservé aux buffets et devant les rafraîchissements. C'est là l'une des meilleures preuves de savoir-vivre et de bonne éducation.

Quelquefois, au lieu d'un buffet, un bal entraîne un souper assis. Alors, comme tout le monde ne saurait y prendre part en même temps, les dames s'asseoient les premières et sont servies par les danseurs, qui se tiennent debout derrière, et tiennent à honneur de leur présenter les plats froids, qui composent toujours les soupers. Les seules choses chaudes qui y soient admises sont des bouillons et du chocolat, qui se donnent toujours, dans toutes les soirées dansantes, avant le départ des invités.

J'ai, à cet égard, entendu raconter une petite anecdote très amusante, attribuée à M. Dufaure, député, — ministre et fort peu homme du monde, quoiqu'il sût fort bien recevoir, lorsqu'il en était besoin.

Il y avait, une nuit, fort grand bal chez lui, et Mme Dufaure en avait seule fait les honneurs, suivant son habitude. A trois heures, l'on se mit à table pour souper. Les convives, en ce moment, étaient assez peu nombreux pour que tout le monde, hommes et femmes, pussent se mettre ensemble à table, dans l'une des plus vastes salles à manger de Paris.

Au moment où M. Dufaure, déjà fort âgé, venait de s'asseoir, un domestique déposa devant lui une énorme assiette, non pas de bouillon, mais de soupe, une vraie soupe auvergnate, composée de pain, de choux, de pommes de terre et de tous les légumes qui pouvaient la rendre lourde et appétissante pour un estomac de Saintongeais. Près du ministre se trouvait une jeune et jolie femme, très élégante, n'avouant pas tout à fait qu'elle s'aventurait à sucer un beefteck, et ses yeux étonnés, interrogeant le vieillard, disaient clairement qu'elle n'avait nulle envie de partager son souper.

Enfin, n'y tenant plus :

— Comment vous est-il possible, sans crainte d'une horrible indigestion, de manger un semblable plat au moment d'aller vous mettre au lit? demanda-t-elle.

— Me mettre au lit! mais j'en sors, au contraire, madame, répondit le vieux diplomate. Pendant que vous dansiez, je dormais, et maintenant, je déjeune pour travailler, pendant que vous dormirez.

La jeune dame a ri, mais n'a pas demandé à partager la soupe.

Comme Mme Balmier finissait de parler, je vis

un monsieur, mis avec la plus grande élégance, s'avancer vers nous et, s'adressant à Mme Daunon :

— J'espère, madame, que vous devez être satisfaite de votre soirée, lui dit-il avec une sorte d'emphase ; *votre demoiselle* a un succès dont vous devez être fière.

— Mais, oui, monsieur, répondit la jeune mère en souriant ; une mère est toujours heureuse de ce qui fait la joie de ses enfants, et je le suis tout à fait ce soir pour *ma fille*.

— Pourquoi souriez-vous? dis-je à Mme Balmier.

— Avez-vous remarqué l'expression dont s'est servi ce monsieur en parlant de Thérèse à ma sœur?

— Oui, il a dit *votre demoiselle*.

— Eh bien, cette façon de parler annonce la prétention et la vulgarité les plus complètes ; elle n'est employée que par les personnes manquant du plus élémentaire savoir-vivre. Celles qui ont l'habitude du monde savent que la simplicité dans les paroles et dans les actions dénote la distinction et l'intelligence.

On ne doit donc point dire à un père ou à une mère *votre demoiselle* en leur parlant de leur fille. Il faut, en parlant à un mari, lui dire : *votre femme*, et non *votre dame; votre fille* en parlant à un père ou à une mère. Vous pouvez cependant dire à un homme : comment se porte madame? en ajoutant le nom de famille. Il faut aussi éviter le mot d'*époux* ou d'*épouse*, et une femme, en parlant de son mari, pourra dire : monsieur, en ajoutant son nom, ou plus simplement: *mon mari*, comme un mari devra dire : *ma femme*. Les mots recherchés ou prétentieux rendent toujours ridicules ceux qui les emploient. Il faut aussi éviter avec soin les mots vulgaires ou creux, trop recherchés aujourd'hui; ce que l'on appelle la langue verte. Jamais une jeune fille bien élevée et qui se respecte ne dira, à moins que ce ne soit en plaisantant et comme pour s'en moquer : ceci est *pschutt*, ou *vlan*, ou tout autre mot, dit à la mode. Lorsque celle qui l'emploie est très jeune, cela peut faire rire un moment; mais elle ne tardera pas alors à en prendre l'habitude, et elle perdra ainsi toute sa distinction.

— Beaucoup de personnes avec lesquelles j'ai eu occasion de causer me disent toujours *madame* en s'adressant à moi. Rien cependant ne peut leur indiquer si je suis madame ou mademoiselle.

— C'est que c'est un usage absolu en France, dans la bonne compagnie; lorsque vous rencontrez dans le monde une femme ayant l'apparence d'avoir passé la vingtième année, vous devez l'appeler *madame* sans vous occuper de ce qu'elle peut être. On est ainsi toujours certain d'être convenable ; mais *madame*, poursuivit Mme Balmier en souriant, nous nous laissons trop entraîner par notre conversation, et ma sœur me fait signe, depuis quelques instants, qu'il est temps de partir. Quoiqu'il faille être simple et naturel toujours, il ne faut pas cependant se laisser assez entraîner par le plaisir pour rester jusqu'à la fin du bal, surtout lorsque l'on accompagne une jeune fille. — Mais Thérèse danse le cotillon, et elle le fait avec un entrain que nous devons craindre de déranger.

— Non, Thérèse s'amuse de tout son cœur ; mais, au premier signe que lui fera sa mère, elle ira rejoindre sa place pour s'y reposer quelques instants, et nous disparaîtrons, toujours sans rien dire, comme vous savez.

Ce petit programme fut exécuté sans la moindre difficulté. — Mon mari, malgré l'abandon où il avait paru nous laisser pour causer avec quelques hommes auxquels il avait été présenté, ne nous avait cependant point perdues de vue. Il était venu, de temps en temps, se mettre à notre disposition, soit pour quelque promenade dans les salons, soit pour aller au buffet, comme d'autres personnes l'avaient fait pour moi. Aussi, dès qu'il s'aperçut de notre désir de partir, il s'avança vers nous, et, offrant cette fois son bras à Mme Daunon, il la conduisit vers le vestiaire féminin, où nous les suivîmes immédiatement. Personne, pas même les maîtres de la maison, ne sembla s'apercevoir de notre départ.

La liberté doit être laissée si grande en semblable circonstance, que l'on en voudrait presque à une maîtresse de maison qui courrait après vous pour chercher à vous retenir.

C'est une action qui ne peut avoir lieu que dans la plus complète intimité.

Il va sans dire que Thérèse, qui avait seule dansé, fut l'objet de toute la sollicitude de sa mère pour éviter le froid au retour. Nous nous glissâmes dans l'antichambre, où un domestique se tenait debout pour ouvrir la porte, qui se refermait aussitôt.

Nous avions à peine mis le pied dans la rue, que vingt voitures se présentèrent à nos yeux, et comme j'en exprimais mon étonnement : — Cela doit être ainsi, me dit Mme Balmier; les maîtres de maison bien appris doivent prendre le soin, en faisant avertir à une station voisine, qu'un nombre de voitures suffisant se trouve devant leur porte à l'heure de la sortie du bal. Je ne fis aucune réponse ; mais je pensai, *in petto*, et toujours, que l'art de recevoir est quelquefois bien difficile.

VIII

MARIAGE

Demande en mariage; présentation. — Préliminaires. — Fiançailles. — Cadeaux. — Corbeille. — Demoiselles d'honneur. — Lettres de faire part. — Le voyage de noces. — Les mariages de veuves.

Mᵐᵉ Balmier m'a paru hier plus préoccupée qu'à l'ordinaire; je n'aurais osé la questionner; mais elle est allée d'elle-même au-devant de mon désir.

— Vous me voyez songeuse aujourd'hui, me dit-elle, et vous ne sauriez comprendre pourquoi, vous que l'on marie un peu comme une chose, dont le bonheur préoccupe médiocrement ceux qui décident de votre vie.

Et, comme je regardais mon interlocutrice avec un étonnement interrogateur :

— Oh! vous n'allez pas penser que c'est moi qui pense me remarier! s'écria-t-elle en riant.

Mais le bonheur et l'avenir de la fille de ma

sœur, de Thérèse, me préoccupent plus que le mien propre, et c'est d'elle qu'il est question en ce moment.

Thérèse a vingt ans, elle est charmante, vous le savez; et, quoique la fortune qu'elle pourra avoir soit assez modeste, elle trouve cependant quelques prétendants désireux de l'obtenir.

Les jeunes filles tout à fait sans dot se marient peu, hélas! par ce temps de luttes pour la vie qui absorbe l'existence de tous; et cependant, combien d'entre elles valent mieux que la dot qu'elles apporteraient, et dissiperaient parfois au plus vite!

Cette réflexion vous fait sourire et penser au renard pour lequel les raisins étaient trop verts; aussi je m'arrête et vais entrer dans le vif de notre sujet.

Trois aspirants se présentent pour épouser Thérèse.

L'un est le fils d'un homme de la finance, à qui l'éclat des yeux de la jeune fille a fait oublier celui des diamants de sa mère; le second est un colonel de quarante-huit ans, charmant encore sous ses épaulettes; mais qui a quarante-huit ans, et une moustache qui n'est plus blonde.

—. Et le troisième? demandai-je avec curiosité.

— Et le troisième est un jeune peintre, dont le talent est déjà sérieux, mais dont l'avenir n'est pas encore assuré et ne pourra l'être que par son travail.

— Eh bien, que va faire Mme Daunon entre ces trois prétendants ?

— Ma sœur n'a point, vous le savez, élevé sa fille en enfant frivole, incapable d'apprécier elle-même la valeur du choix qu'elle pourra faire ; aussi a-t-elle soumis ce choix à Thérèse, se réservant seulement de la guider et de l'éclairer, si sa fille lui semblait se tromper dans ses appréciations.

Je sais que ma nièce, en se mariant, ne songe point d'abord à sa corbeille et aux libertés que lui donnera le titre de madame ; elle connaît les devoirs qui lui seront imposés par une position nouvelle, où elle devra songer au bonheur de sa famille, bien avant de songer au sien propre ; aussi est-ce avec confiance que sa mère la laisse libre et se conformera à sa décision.

— Mais, vous me paraissez la connaître plus que vous ne voulez le dire, cette décision ?

— Eh bien, oui, puisqu'il impossible de vous rien cacher ! Thérèse ne saurait accepter le riche fils du financier et aller vivre au milieu de ce monde luxueux et tout en dehors, qui la sortirait de ses chères et modestes habitudes de la famille ; encore moins voudrait-elle pour mari un homme qui, par son âge, pourrait être son père, et qu'elle n'épouserait que parce qu'il lui donnerait une position toute faite. Non, elle pense que, pour que le bonheur puisse frapper à sa porte, il faut conquérir ensemble la position que l'on envie ; qu'il ne faut pas dès le début de la vie, et avant de les avoir méritées, chercher une fortune ou une position, sur lesquelles on sera blasée et qui ne laisseront que lassitude, avant l'heure où l'on devrait à peine penser à s'en emparer. Elle veut avoir son mari dans sa vie d'activité et de travail, partageant ses succès, dont elle sera heureuse, parce qu'elle se sentira digne d'en prendre sa part.

— Et... elle a choisi le jeune peintre ? demandai-je en riant.

— Et... comme vous êtes une étrangère qui désirez savoir, et que, sous mon égide vous êtes presque considérée comme une autre moi-même, je suis chargée par ma sœur de vous prier de venir demain, pour assister à la présentation de M. Buisson qui, pour la première fois, sera reçu chez ma sœur.

— Mais il ne viendra pas ainsi faire lui-même sa première démarche, n'est-ce pas ?

— Non certes ; ce jeune homme, dont le père et la mère sont morts, a été élevé par une sœur, beaucoup plus âgée que lui et qui lui a servi de mère. C'est elle qui s'est chargée de faire la demande de Thérèse au nom de son frère. Elle est, pour cela, venue elle-même faire une visite à ma sœur, qui, après l'avoir remerciée de l'honneur qu'elle lui faisait en choisissant sa fille, ne lui a pas laissé ignorer qu'elle n'accepterait M. Buisson qu'autant qu'il serait le préféré de Thérèse.

Quelques jours après, sans avoir donné une réponse positive qui l'engagerait, elle a écrit à Mlle Buisson qu'elle les recevrait avec plaisir, elle et son frère, pour passer la soirée à laquelle je suis aussi venue vous prier.

Vous voyez que, maintenant, vous êtes tout aussi instruite que moi de ce qui s'est passé, et vous jugerez les événements demain soir.—

Le lendemain soir, madame Balmier étant venue me prendre, nous nous rendîmes ensemble chez sa sœur.

Je m'attendais à quelques préparatifs, une sorte de mise en scène aménagée pour recevoir le jeune homme qui va, peut-être, devenir le fiancé de Thérèse.

Rien de tout cela n'avait lieu. Madame Donon était seule, dans le petit salon familial, occupée à un travail manuel que je lui avais déjà vu plusieurs fois entre les mains. Elle nous accueillit en souriant et, nous ouvrant la porte de sa chambre :

— Entrez là, nous dit-elle, je veux bien que vous sachiez, mais je ne veux pas que vous gêniez mes visiteurs.

Cela était trop juste, et nous n'attendîmes pas longtemps l'arrivée de mademoiselle et de M. Buisson. Du premier coup d'œil je fus absolument séduite par le frère et la sœur. Elle, plus âgée, avait un air maternel qui disait à lui seul tout ce besoin d'aimer et de se dévouer qui remplit le cœur de la femme. Lui semblait, dans sa radieuse jeunesse, avoir toutes les aspirations et tous les élans qui conduisent au bonheur.

La conversation, un instant banale, ne tarda pas, sous l'impulsion de madame Donon, à prendre un caractère de demi-intimité qui mit tout à fait mademoiselle Buisson en confiance.

— Pouvons-nous espérer ? dit-elle à demi-voix comme si elle craignait de s'entendre. Vous vous êtes montrée si bienveillante, dans votre réponse, que vous ne voudrez pas nous enlever toutes nos illusions ?

— Je ne vous avais pas caché, reprit madame Donon, que ma fille seule choisirait le mari auquel sa vie doit être liée ; et, si elle est libre d'accepter votre frère, je suis heureuse, moi, de vous dire que vous n'êtes ici qu'avec l'assentiment de Thérèse.

Le jeune homme ne disait rien ; mais il me fut facile de comprendre, à la joie qui inonda son visage, et à l'élan avec lequel il saisit la main de madame Donon, qu'il aurait bien voulu pouvoir embrasser sa future belle-mère.

Il me semblait voir, cependant, que quelque chose troublait son bonheur ; et l'air inquiet avec lequel ses yeux semblaient interroger la porte d'entrée disait assez quel était le sujet de ses préoccupations.

Enfin, après quelques paroles échangées avec la femme de chambre, qui était venue prendre les ordres de sa maîtresse, la porte se rouvrit, cette fois pour livrer passage à la jeune fille. Oh ! quel étonnement j'éprouvai en la voyant apparaître ! Pas la moindre toilette, pas le moindre ruban ou fichu supplémentaire ! Thérèse était peut-être mise encore plus simplement que de coutume.

Elle se dirigea vers sa mère et sembla recevoir avec reconnaissance la poignée de main que lui donna mademoiselle Buisson. Entre elle et le jeune homme il n'y eut qu'un simple échange de salut, sans embarras et comme chose toute naturelle.

Dès que Thérèse fut entrée, il ne fut plus du tout question de mariage, ni des espérances du jeune homme, et le reste de la visite se passa simplement comme s'il n'y avait eu rien d'extraordinaire dans cette entrevue. Il était facile de comprendre que, l'impression produite étant excellente, madame Donon se réservait de causer seule avec sa fille, avant d'autoriser complètement les visites de M. Buisson comme prétendant.

— Quelquefois, me dit Mme Balmier, les jeunes gens qui désirent se présenter pour une jeune fille se rencontrent avec elle dans une maison étrangère, amie de la famille de la jeune fille, avant que le jeune homme soit admis à faire une visite chez celle-ci ; mais madame Donon, qui a pris, avant de le recevoir tous les renseignements possibles sur celui qui désire devenir le mari de sa fille, a préféré ne mettre aucun tiers dans sa confidence.

Comme peintre, elle-même, elle a souvent rencontré M. Buisson, dont elle connaît et apprécie le talent et le caractère. Il s'est aussi rencontré dans le monde avec Thérèse, à qui il plaît, et qui l'a dit à sa mère. — Ma sœur, femme de cœur autant qu'elle a de tête et d'esprit, a si bien su se faire aimer de sa fille et gagner toute sa confiance, qu'il ne viendra jamais à la pensée de Thérèse de cacher aucune de ses actions à sa mère.

Ce n'est presque jamais la faute d'une jeune fille lorsqu'elle commet quelqu'étourderie dans le monde. Et c'est une étourderie qu'écouter, à l'insu de ses parents, les déclarations d'un homme, qui peuvent toujours la compromettre, et la mère qui ne sait pas diriger par l'affection le cœur de sa fille ne comprend pas son rôle et le remplit mal. C'est ainsi qu'une pauvre fille est souvent conduite à faire un sot mariage, dont elle a le repentir et le regret pendant toute sa vie.

Ainsi, ma sœur sait bien, elle a compris que Thérèse préfère M. Buisson à tout autre ; mais elle a un tel empire sur sa fille que Thérèse s'en rapportera toujours aux décisions de sa mère.

— Et cependant, elle ne la dirige que par l'affection et la confiance.

Quelques jours après j'appris que monsieur Buisson était alors définitivement agréé, et qu'il ne tarderait pas à devenir le fiancé de Thérèse.

Avant cette grave décision, les questions d'intérêt, que l'on a le plus grand tort de traiter au dernier moment, seront définitivement réglées entre madame Donon et mademoiselle Buisson, qui accepte le rôle de mère auprès de son jeune frère.

M. Buisson sait certainement tout ce qui s'y traite; mais il est toujours de mauvais goût, pour un prétendant, d'avoir l'air de discuter lui-même les intérêts pécuniaires qui sont souvent, hélas! la base de tous les mariages; et, à moins qu'il n'y soit obligé, il doit les laisser débattre par un tiers avec la famille de sa prétendue.

Aussitôt que tout sera absolument décidé, arrangé, madame Donon invitera ses parents et ses amis les plus intimes à une petite soirée, afin de leur présenter son futur gendre, en leur annonçant le mariage de Thérèse. De ce moment-là les jeunes gens seront considérés comme fiancés l'un à l'autre, et M. Buisson sera autorisé à offrir son cadeau de fiançailles, qui est presque toujours représenté par une bague, qui se met, comme la bague de mariage, à l'annulaire de la main gauche.

Cette bague est ordinairement en perles fines, car elle doit être blanche, et il n'est pas d'usage qu'une jeune fille porte des diamants. Il pourra aussi lui envoyer ou lui apporter quelquefois un bouquet.

En France, où les fiançailles ne sont jamais de longue durée, une jeune fille dont le mariage est proche va peu ou même pas du tout dans les fêtes tout à fait mondaines, et elle se réserve pour les réunions intimes, où elle se rencontre toujours avec son fiancé. Cependant, à moins que des jeunes gens ne se connaissant pas du tout, aient besoin de se voir plus souvent pour s'apprécier avant de se lier pour toujours l'un à l'autre, il vaut mieux qu'un prétendant ne rapproche pas ses visites de façon à devenir une gêne pour la famille de la jeune fille.

Une mère, une sœur aînée, une parente dévouée, qui acceptent le rôle de statue animée auprès des fiancés, se lasserait de le remplir s'il devenait incessant.

Ce n'est donc que tout à fait dans les derniers jours, et alors que le fiancé est déjà considéré comme un membre de la famille, qu'il peut se permettre de multiplier ses visites, comme s'il était presque chez lui.

— J'admire avec quelle bonté madame Donon reçoit son gendre, dis-je à mon amie ; on dirait presque qu'elle lui est reconnaissante de lui enlever sa fille.

— Et c'est précisément parce que c'est tout le contraire, reprit madame Balmier, et vous savez quelle réputation a la haine qui existe ordinairement entre belle-mère et gendre. Mais ma sœur, qui juge avec sa raison et avec son cœur, aimera le mari de Thérèse précisément parce qu'il sera aimé de sa fille ; et, loin d'éprouver cette jalousie de mère, qui ne veut pas qu'un autre lui enlève l'amour de cette enfant adorée, elle sera heureuse d'être au second plan, parce que Thérèse sera heureuse elle-même.

— Est-ce que, chez vous, il est permis aux fiancés de s'écrire ?

— Oui, certes, si l'éloignement le rend nécessaire ; mais alors une jeune fille convenable montrera à sa mère les lettres qu'elle reçoit et offrira de lire celles qu'elle a écrites elle-même. Je connais, à cet égard, plus d'une mère qui sourit, et refuse de lire cette lettre, parce qu'elle est bien sûre que son intervention serait gênante. Cependant, ce n'est pas un conseil que l'on puisse généralement donner, car on ne peut agir ainsi que lorsque l'on est bien sûre de sa fille et de son fiancé. Jusqu'au dernier moment, un obstacle imprévu peut rompre un mariage, et une correspondance trop intime peut compromettre une jeune fille.

Quelques jours avant son mariage, Thérèse recevra de ses grands-parents, de ses amies, quelquefois même des personnes invitées seulement à la noce, des cadeaux qui diffèrent d'importance suivant le degré de parenté, ou la position des personnes qui les font ; mais elle ne sera pas tenue à en faire elle même.

Cependant il arrive fréquemment qu'une fiancée, soit parce qu'elle a une plus grande intimité avec quelques-unes de ses amies, soit que sa position de fortune relative le lui enjoigne, fasse un léger cadeau à ces mêmes amies; mais elle n'en fait jamais à personne d'autres, excepté à des serviteurs, à une vieille nourrice, ou à une sœur ou un frère de lait. Vous comprenez qu'en ces circonstances, qui sont loin d'être toutes identiques, le tact et l'appréciation personnel peuvent seuls faire bien juger la question. Le contrat de mariage, qui sera passé seulement la veille, en famille, ne donnera lieu à aucune fête ou démonstration d'aucune sorte, comme cela se fait, au contraire, dans les familles très riches ou très haut placées, où l'on fait ordinairement une grande fête pour la signature d'un contrat.

Dans ce cas-là, quelques personnes croient devoir faire un étalage pompeux du trousseau de la future, autour duquel on étale les cadeaux des parents, des amis, et surtout ceux de la corbeille. Je ne blâme point cet usage, quoiqu'il ressemble un peu à une orgueilleuse manifestation; mais je trouve plus simple, et peut-être de meilleur goût, de s'en abstenir, au moins en ce qui concerne les étrangers; ce luxueux étalage a souvent pour résultat de faire naître l'envie ou la jalousie chez les spectatrices des richesses qu'elles ne peuvent elles-mêmes posséder, et il n'a pour résultat certain que de flatter la vanité de ceux qui les exhibent.

Cependant, il flatte aussi les personnes qui ont apporté leur contingent à cette petite mise en scène, et qui se sentent quelquefois blessées si leur offrande, trop inaperçue, est mise à l'écart comme inappréciée. Il y a donc, là comme partout, une affaire de tact et de convenances que peuvent seules juger les personnes intéressées.

Pour le contrat, lorsqu'il y a réunion de parents et d'amis, la fiancée devra avoir une simple et jolie toilette, qui, selon l'usage accepté, doit être de couleur claire et gaie, comme un signe de satisfaction d'épouser l'homme que l'on a choisi; et la fiancée est, le plus souvent, vêtue d'une robe rose.

C'est ainsi qu'était vêtue Thérèse, toute charmante et toute émue au moment où elle a ouvert une grande boîte recouverte de peluche brodée qui, sous le nom de corbeille, venait d'être apportée par les ordres du fiancé. Il y avait, dans cette corbeille, un écrin de diamants, bien simple, contenant une broche, un bracelet et deux bagues. Les deux alliances étaient à part, dans un écrin qui leur était spécial. Une seconde parure, très ancienne, venant de la bisaïeule de mademoiselle Buisson, qui l'avait conservée pour l'offrir à la femme de son frère. Quelques très belles dentelles blanches, comme reliques de famille; dix mètres d'une haute dentelle de beau chantilly; une robe de velours noir et une autre en magnifique faille bleue, formaient la partie la plus accentuée de la corbeille.

Il y avait bien aussi un charmant éventail de dentelle monté en écaille, un mouchoir de poche en point à l'aiguille et un autre garni de valenciennes; il y avait aussi un carnet d'ivoire et quelques autres objets, souvenirs de famille et d'affection; mais, parmi les cadeaux offerts par le futur seulement, je crus remarquer, tout au fond de la corbeille, un délicieux petit porte-monnaie en écaille, tout gonflé de pièces d'or, que Thérèse fit disparaître sans la moindre affectation, voulant garder pour elle seule le secret de cette générosité de son futur mari.

C'était le commencement de cette bourse particulière qu'aiment tant à posséder les jeunes femmes qui ne veulent pas que leur main gauche connaisse les charités que prodigue la main droite.

— Vous comprenez, me dit tout bas madame Balmier, que ce don-là n'est jamais une obligation; mais la jeune fille qui le trouve au fond de sa corbeille en est toujours heureuse, comme d'une marque de confiance et d'affection.

Cette corbeille, sans être très riche, était assez élégante et bien choisie pour satisfaire une jeune fille même moins modeste que Thérèse; aussi s'en montra-t-elle aussi enchantée que reconnaissante. Il serait bien inconvenant et même cruel de faire autrement On doit supposer qu'un jeune homme qui se marie offre toujours à sa fiancée tout ce que ses ressources ou sa position lui permettent d'offrir, et il ne pourrait qu'être profondément blessé ou très malheureux de voir qu'il n'a pas réussi à satisfaire celle qu'il doit aimer uniquement.

Que de jeunes femmes sont obligées de payer, plus tard, par des privations ou une économie forcée les trop grandes vanités de leur corbeille !

Mais les réflexions de madame Balmier, que je trouvais fort sages, ne m'empêchaient pas de penser un peu plus aux cérémonies du mariage, que j'attendais avec impatience.

Autrefois, paraît-il, on se mariait le même jour à la mairie et à l'église, et quelques familles ont encore conservé cet usage ; mais, chez le plus grand nombre, on a adopté une nouvelle manière qui consiste à séparer les deux cérémonies. On procède donc au mariage civil la veille du jour où on le fait bénir à l'église, au temple ou à la synagogue, suivant le culte auquel appartiennent les fiancés.

Comme en ma qualité d'amie et d'élève je devais assister à toutes les cérémonies du mariage, j'ai accompagné, avec madame Balmier, les mariés, la famille seulement et les témoins, à la mairie. Thérèse avait une simple toilette de ville, comme si elle allait faire une visite à une amie ; une petite voilette blanche recouvrait son visage et sa capote.

Aucune mise en scène, la simplicité la plus grande a présidé à cette cérémonie, après laquelle les personnes présentes se sont retirées, pour revenir le soir assister à un dîner de famille, auquel étaient conviés seuls, comme étrangers, le maire et les témoins des mariés.

Toutes les invitations sont réservées pour le jour de la bénédiction nuptiale. Pour ce jour-là, il y a encore deux catégories d'invités, ceux qui doivent faire partie du cortège et sont les gens de la noce, et ceux que l'on invite seulement comme des curieux qui doivent venir voir.

Les premiers sont pris à domicile par les voitures de la noce, qui les amènent à la maison, sous la conduite de l'un des garçons d'honneur, et d'où ils doivent partir pour accompagner les mariés. Ils doivent être en grande toilette, et les dames en robes à traîne, sans pardessus, si leur toilette le permet. Du reste, une traîne n'est jamais de rigueur. Les hommes doivent être en habit et en gants clairs et cravate blanche.

La seconde catégorie des invités n'est pas tenue à une aussi grande toilette, qui doit être simplement une toilette de visite et non d'apparat.

Aussitôt que nous fûmes entrés dans le salon, le frère aîné de Thérèse dont je n'ai pas encore eu l'occasion de parler, voyant que tous les invités étaient réunis, se dirigea vers la chambre de sa mère, où Thérèse attendait pour faire son entrée au salon. La toilette de la jeune mariée était aussi simple qu'élégante. Une longue robe de faille blanche, dont la traîne était relevée sur le côté par une légère guirlande en fleurs d'oranger, un tablier gracieusement drapé par quelques perles, un corsage très montant et un ample voile en tulle de soie qui l'enveloppait tout entière, faisaient de mademoiselle Donon la plus délicieuse mariée qu'il fût possible de voir. Elle salua gracieusement toutes les personnes réunies autour d'elle, et elle s'assit un moment pour attendre l'appel des invités dont allait se composer le cortège.

— Dans une petite ville de province, me dit tout bas madame Balmier, lorsque le cortège doit se rendre à pied à l'église, ce qui ne peut jamais se faire à Paris, l'appel, fait par un garçon d'honneur, doit toujours commencer par la mariée. Ici, il n'en peut être de même ; elle est la personne que tout le monde veut le plus honorer en ce moment, et il ne serait pas bien séant qu'elle attendit longtemps dans sa voiture que tout le monde fût appelé, installé et prêt à partir.

On commence donc l'appel, au contraire, par les personnes qui doivent terminer le cortège. Aussitôt, le monsieur interpellé vient offrir son bras à la dame appelée en même temps que lui, et ils se dirigent ensemble vers la voiture qui leur est désignée, et dont la portière doit être tenue ouverte par un domestique. Aussitôt que cette voiture est remplie, elle s'éloigne un peu, pour faire place à une autre, qui vient, à son tour, se présenter devant la porte, et ainsi de suite, jusqu'à ce que la mariée soit descendue, et ait pris place dans la dernière voiture, qui doit avoir des chevaux blancs.

Ces voitures sont toujours à la charge du marié. C'est la seule dépense qui lui incombe dans les frais de la noce.

La préparation des couples, dont je viens de parler tout à l'heure, doit toujours être faite d'avance, en famille, et avec le plus grand soin, pour ne froisser aucune susceptibilité et observer parfaitement les convenances. Si la mariée a encore son père, c'est à lui qu'appartient le droit et l'honneur de l'accompagner. A son défaut, ce droit appartient au frère aîné, à un oncle, au parrain, au tuteur, à celui enfin qui représente un père pour la jeune fille.

Les mêmes circonstances se produisent pour le marié, qui doit être accompagné par sa mère ou, à son défaut, par la plus proche parente ou la plus âgée. Les autres couples sont arrangés suivant les convenances.

Lorsque nous sommes arrivés dans l'église, nous nous sommes rangés en haie, de chaque côté de la grande porte, et nous avons attendu que la mariée fît son entrée, pour la suivre nous-mêmes dans le rang qui nous avait été assigné. La noce s'assied dans le chœur, s'il y a place; mais on doit toujours laisser mettre les parents les plus proches dans le voisinage des mariés, et s'éloigner un peu sur les premiers bancs, s'il n'y a place que pour eux dans le chœur.

Toutes les autres personnes invitées à la noce en seconde catégorie se tiennent dans les bancs, les invités par la famille du marié à droite, ceux invités par la mariée à gauche.

Ces invitations, dont j'ai reçu moi-même un spécimen, quoique j'en eusse reçu une autre verbale, comme faisant partie de la noce, sont imprimées ou lithographiées sur papier bristol, grand format. L'une est faite au nom du marié et de sa famille, l'autre au nom de la famille de la mariée. Ces deux lettres, mises ensemble, sont envoyées à tous les invités dans la même enveloppe.

La première lettre doit être celle de la famille par laquelle on est invité; la dernière, celle que l'on ne connaît pas. Quelques personnes ne font qu'une seule lettre, formant deux colonnes séparées pour chaque famille. Mais cette manière de faire n'étant pas générale, je ne la cite que pour, en donner la faculté.

Dans l'invitation faite pour Thérèse, madame Donon faisait part du mariage de sa fille avec M. Buisson. Dans celle du marié, c'était mademoiselle Buisson, beaucoup plus âgée que son frère et lui servant de mère, qui faisait part de son mariage avec mademoiselle Thérèse Donon. Si M. Buisson n'eût pas eu cette parente plus âgée, c'est lui-même qui aurait fait part de son mariage.

Lorsqu'il n'y a pas de grand dîner le jour de la bénédiction du mariage, ou lorsque l'on veut faire une politesse à un plus grand nombre de personnes, la famille de la mariée offre, au sortir de l'église, un lunch, auquel sont invitées une grande partie des personnes de la dernière catégorie. On leur fait connaître le désir que l'on a de les avoir au lunch, en ajoutant à la lettre d'invitation une grande carte sur laquelle se trouve la formule suivante : *Madame X...* (ici le nom de la mère de la mariée) *recevra chez elle au sortir de l'église.*

Cette formule est une invitation au lunch, servi auprès du salon, et composé de pièces froides truffées, de gâteaux et petits fours, de glaces, sorbets, chocolat, café, thé, vins fins et vin de Champagne.

Il est bien entendu que nul ne doit, pour cela, outrepasser ses facultés, et que l'on n'est tenu qu'à faire ce que l'on peut. Les invités, de leur côté, doivent être excessivement discrets et ne prendre les rafraîchissements offerts que dans les limites de la plus scrupuleuse convenance. Après une demi-heure environ, ou un peu plus, si on a une assez grande intimité avec la famille de la mariée, on doit se retirer, soit pour faire place à de nouveaux arrivants, soit pour rendre la liberté aux amphitryons fatigués par tant de réceptions.

— Mais, dis-je à madame Balmier, fatiguée elle-même par toutes ces explications, vous ne m'avez pas encore parlé des demoiselles d'honneur et du rôle qu'elles doivent remplir pendant la noce? Je n'ai vu, auprès de Thérèse, aucune jeune-fille blanche, comme il me semble que doivent être les demoiselles d'honneur.

C'est précisément cette erreur qui fait que vous ne les avez point remarquées, reprit mon amie. Les demoiselles d'honneur ne doivent jamais être habillées de blanc; c'est un costume et une couleur qu'elles doivent laisser à la mariée seule. Mais elles sont tenues à être toujours habillées de couleurs très claires, comme rose, bleu, crème, mauve, et elles ne doivent avoir ni pardessus ni manteau d'aucune sorte, pas plus du reste que toutes les dames qui composent le cortège. S'il fait très froid, on prend sur le bras une fourrure ou une écharpe chaude, que l'on jette sur ses épaules, sans affectation, comme pour avertir que l'on ne veut pas s'enrhumer.

Au moment de la quête dans l'église, les garçons d'honneur se lèvent, vont offrir le bras à la jeune fille demoiselle d'honneur, qu'ils accompagnent dans le cortège, et cette dernière, à qui l'on vient de remettre une bourse de quête, va la présenter à toutes les personnes du côté qui lui a été désigné. Chaque demoiselle d'honneur ayant ainsi sa part faite, on évitera de présenter deux fois la bourse aux mêmes personnes.

Si les quêteuses ont un bouquet, ce qui n'est pas indispensable, elles le laissent tenir, pendant la quête, au garçon d'honneur qui les accompagne. Les bouquets leur sont ordinairement remis par la mariée; mais cet usage tend à se perdre de plus en plus.

Ces jeunes filles, choisies parmi les amies les plus intimes ou les parentes les plus proches des mariés, accompagnent la jeune épouse pendant toutes les cérémonies et les réjouissances du mariage. C'est le seul rôle qu'elles aient à remplir après le retour à la maison.

— Est-ce que Thérèse va partir pour faire un voyage de noces, comme on m'a dit que cela se faisait ordinairement en Europe?

— Je vous dirai cela demain, me dit en riant madame Balmier, parce que je saurai alors si Thérèse est partie; mais cependant, je ne le crois pas trop, ajouta-t-elle. Je connais là-dessus les idées de ma sœur, et je ne mets pas en doute que Thérèse et son mari se seront rendus sans difficulté aux bonnes raisons qu'elle leur aura données pour les faire rester à Paris.

— Mais quelles peuvent être ces bonnes raisons, assez puissantes pour faire renoncer les jeunes époux aux usages reçus?

— Oh ! Il y en a mille, dont les principales sont la crainte de voir des santés dérangées par cette vie d'hôtel succédant au bien-être de la famille, la banalité des relations étrangères dans les premiers jours du mariage, etc., etc. Et, quand je vous aurai dit le parti que l'on va prendre, je suis sûre de votre approbation.

— Eh bien, dites-le-moi vite, ce parti que l'on a pris, afin que je le trouve charmant, comme tout ce que je vois faire autour de moi.

— Je vous le dis en confidence, reprit madame Balmier; mais Thérèse ne partira pas, du moins quant à présent.

Oui, depuis de bien longues années, on ne se marie plus en France sans se croire obligé de faire ce que l'on appelle : *un voyage de noces*. Et la plupart des jeunes mariés sacrifient à cet usage funeste.

— Mais il me semblait qu'il était charmant, au contraire.

— Oui, il est charmant, en effet, pour deux jeunes époux nouvellement unis, de se trouver seuls, loin de cette foule dont ils viennent d'être entourés, loin même de la famille qu'ils aiment, et de cette mère adorée qu'une jeune fille ne laisse jamais sans regrets et sans larmes.

Mais on peut la retrouver, cette chère solitude à deux, sans partir pour le Kamchatka ou même pour la Suisse ou l'Italie. On peut la trouver, soit dans une campagne appartenant à la famille, et bien mieux encore dans le nid que l'on s'est créé d'avance, et dans lequel il sera si doux de passer, seul à seul, les premiers jours, que l'on est convenu d'appeler *la lune de miel.* On y prend, dès le premier moment, les habitudes qui doivent durer toujours, on y pose les jalons de souvenirs qui seront chers toute la vie, et que chaque pas, chaque coin, rappellera à la mémoire et au cœur. Ce nid, arrangé pour eux seulement, ne sera-t-il pas mille fois préférable à une banale chambre d'hôtel, si froide et si indifférente, où l'on sait que l'on ne reviendra jamais, et où tant d'autres ont marqué leur place, sans y laisser aucun souvenir?

Combien de jeunes femmes reviennent de ce voyage de noces tant désiré avec des désillusions plein le cœur, et souvent avec une santé perdue! Elles ont vu beaucoup de lieux et beaucoup de monde, mais elles n'ont pas rencontré le bonheur, qu'elles eussent peut-être trouvé dans le *home* qu'elles ont quitté en folles et en ignorantes.

On peut faire un voyage un peu plus tard, quand on se connaît assez pour que chacun ne cherche pas à contraindre ses goûts et ses tendances au profit de l'autre; mais je n'approuve pas, je ne conseille pas le lointain voyage de noces au sortir de la mairie et de l'église.

Comme on n'est pas obligé de mettre le public dans la confidence, pour tout le monde, M. et Madame Buisson seront partis pour les Grandes-Indes où pour n'importe où; mais, pour nous, ils seront douillettement installés dans leur nouvelle demeure où, après huit ou dix jours de charmante solitude, ils voudront bien nous inviter un jour à déjeuner, pour fêter leur bonheur et leur nouvelle installation. Acceptez-vous?

— Oh! si j'accepte! m'écriai-je avec enthousiasme, et comme il me tarde que ces huit ou dix jours soient écoulés!

— Vous n'avez plus rien à me demander à cet égard? demanda Mme Balmier.

— Mais si, il y a une chose dont vous avez oublié de me parler, et vous ne m'avez rien dit du mariage des veuves. Est-ce qu'ils se passent absolument comme ceux des jeunes filles?

— Non, pas tout à fait; d'abord, en ce qui concerne le costume. Une veuve ne se marie point en blanc, et elle n'a ni voile ni fleur d'oranger; mais son costume représente une élégante toilette de ville. Si elle est jeune, la robe et le chapeau (capote plutôt que chapeau rond) seront en couleurs claires, gris ou mauve. Elles peuvent être un peu plus foncées si l'âge de la mariée est plus avancé. Il ne faut point de par dessus. De plus, il est de bon goût de faire moins de bruit autour de son mariage, et il n'y a, ordinairement, qu'un dîner d'amis ou un lunch, mais jamais de bal ou de grandes soirées.

Les femmes appartenant au très grand monde qui se sont remariées ces dernières années ont essayé de faire adopter une toilette très fantaisiste qui consiste en une longue robe de satin blanc, à traîne, tandis que la mariée elle-même est toute recouverte, de la tête aux pieds, par un immense voile de dentelle noire.

Cela peut être fort grande dame, mais n'a pas réussi et ne réussira probablement pas pour la généralité.

On doit donc, jusqu'à nouvel ordre, s'en tenir à l'élégante toilette de ville.

IX

L'INTÉRIEUR D'UN JEUNE MÉNAGE

L'Installation. — Le *home*. — Relations familiales.

Ce n'est pas huit, ce n'est pas dix jours pendant lesquels nous avons attendu, avant que M. et Madame Buisson aient jugé à propos de nous faire intervenir dans leur intimité. C'est pendant quinze longs jours que, chaque matin, nous espérions la lettre qui devait nous convoquer pour être admis à leur faire une visite.

Je suis bien certaine cependant que madame Bonon n'a point attendu aussi longtemps pour se faufiler un jour, en catimini, dans la maison fermée; mais une mère comme celle-là ne peut trouver de porte close, lorsqu'elle vient y frapper, tout doucement et discrètement, pour jeter un furtif regard sur le bonheur de sa fille.

Et pendant ce temps, qu'est devenue mademoiselle Buisson?

Car je suppose que cette sœur modèle, après avoir servi pendant si longtemps de mère à son frère, ne sera pas mise à la porte par celui-ci, et qu'elle ira vivre avec le jeune ménage?

— Certainement, le devoir de Thérèse, et même sa sympathie, l'auraient portée à offrir à sa belle-sœur de partager sa demeure et de conserver sa place dans le cœur de son mari; mais mademoiselle Buisson, en femme d'esprit, a compris d'elle-même que là n'était pas la place qu'elle devait choisir ou accepter; et, avant même que l'on eût pensé à agiter cette question, elle avait déclaré que son intention était d'aller vivre dans une campagne, propriété restée indivise entre elle et son frère, qu'elle se proposait de faire valoir pour en tirer le meilleur parti possible; et, deux jours après le mariage de son frère, elle a quitté Paris, qu'elle ne veut plus habiter. Les jeunes époux doivent, autant que possible, se créer un nid à deux dans lequel ils n'auront, ni l'un ni l'autre, à subir une influence étrangère. Faire autrement, peut être souvent la cause de discordes et de désunions, dont la vie entière peut se ressentir. Les grands-parents sont donc toujours sages lorsqu'ils évitent la cohabitation avec leurs enfants nouvellement mariés.

C'est que l'on n'apprend le grand art de vivre chez soi que lorsque l'on est réellement chez soi. L'on n'y est jamais, même avec des parents quelque chéris qu'ils soient, n'appartenant pas à la famille directe, c'est-à-dire le père, la mère et les enfants.

Comme elles sont douces et heureuses alors ces

premières années d'une union bénie par l'amour!
Comme on les aime avec passion et avec dévouement ces chers petits qui viennent donner au nid leur part de joie et leur part d'amour. Hélas! comme tout cela passe vite !

Il n'y a rien de vrai comme cette pensée, échappée un jour à Victor Hugo dans un moment d'expansion :

— « Le vrai bonheur sur la terre serait dans une famille où les parents seraient toujours jeunes, et les enfants toujours petits. »

Mais tout cela nous empêche d'entrer dans l'appartement de nos jeunes époux, et de vous le montrer comme le spécimen que nous désirons à toutes nos jeunes amies.

M. et madame Buisson n'ont pas de fortune; mais ils ont la jeunesse et toutes les espérances de l'avenir.

Ils devaient donc s'installer, non avec un luxe fastueux qui eût dépassé la mesure de leurs ressources ; mais avec le confort élégant qui aide au bonheur de la vie et la montre toujours sous son aspect le plus agréable.

M. Buisson, ne pouvant se dispenser d'avoir un atelier, on a loué, sur le boulevard de Clichy, cette grande voie où chaque maison possède cette adjonction, un petit appartement, situé au deuxième étage et communiquant, par un escalier particulier et intérieur, à l'atelier situé à trois étages au-dessus. L'appartement se compose d'un salon, d'une dimension rappelant un peu la maison de Socrate, d'une salle à manger, de deux chambres et d'un cabinet de toilette. Le salon renferme plutôt des œuvres et des objets artistiques que des meubles élégants ou luxueux.

Il ouvre sur une antichambre carrée, toute tapissée et ornée de souvenirs de voyages, d'esquisses, de dessins au fusain, dus au crayon de M. Buisson ou à celui de ses amis.

Une table très ancienne, recouverte par un tapis de vieille tapisserie, semblable aux deux portières, dont l'une recouvre la porte du salon, est placée au milieu de cette petite pièce. Elle offre son appui à une corbeille garnie de peluche brodée et savamment disposée, offerte comme cadeau de noce par une petite amie de Thérèse. Cette corbeille est destinée à recevoir les cartes de visite, qui ne peuvent manquer d'arriver aux nouveaux mariés. A côté se trouvent un encrier de vieux cuivre repoussé, avec tous ses accessoires, et un petit buvard en cuir de Russie, contenant tout ce qu'il faut pour écrire. Quelques sièges fantaisistes et une glace à vieux cadre, placée dans le panneau qui fait face à la porte, complètent, avec quelques arbustes à feuillage toujours vert, cette entrée charmante qui semble indiquer que l'on se trouve en face de la porte d'un petit Paradis. — Paradis, en effet cet atelier de Pierre Buisson, où Thérèse, abandonnant le salon aux indifférents et à leurs visites, a fait porter son piano et établi elle-même sa table à ouvrage. N'est-ce pas là que sera le meilleur de sa vie, puisque là sera le meilleur de son cœur ?

Ce que je remarquai le plus dans cet intérieur de jeune ménage, qui ne visait qu'à la simplicité et à l'aspect que donne le bonheur était, non un étalage luxueux ou fastueux qui m'eût paru alors absolument ridicule ; mais une harmonie complète et je dirai presque savante en toutes choses. Le salon qui, comme tous les salons, ne peut avoir l'aspect aussi intime et personnel que les autres pièces de l'appartement, avait su éviter cependant toute espèce de banalité. Il était sobre de meubles ; mais tous ceux qui s'y trouvaient semblaient l'habiller ; s'il m'est permis de m'exprimer ainsi, et lui donnaient ce cachet personnel, auquel on reconnaît toujours le genre d'esprit de la maîtresse de la maison. Or ici, l'esprit de Thérèse dépendant beaucoup de son cœur, on retrouvait partout les souvenirs aimés qui lui rappelaient soit les dons faits par sa mère ou par sa famille, soit les travaux, toujours un peu artistiques, offe par ses jeunes amies pour son mariage. — Je n'ai pas osé pénétrer complètement dans sa chambre, dont la porte m'a cependant été ouverte afin que j'y puisse jeter un coup d'œil. Mais rien ne m'a ravie et enchantée comme l'aspect de la salle à manger, parce que j'ai pu l'examiner en détail. Le couvert était mis pour le dîner. Rien de blanc, de brillant, de frais, comme tout ce qui la composait. Cristal, linge blanc et argenterie en formaient tous les éléments ; mais deux bouquets de fleurs naturelles, au parfum discret, étaient posés aux deux extrémités de la table et lui donnaient un air de gaieté jeune et espérante qui souriait joyeusement à l'avenir.

— N'est-ce pas ce que nous disent à tous les fleurs et leurs parfums ? Cependant je ne sais pourquoi je dis presque malicieusement à madame Balmier. — Est-ce donc que nos jeunes époux ont l'intention de vivre ainsi vis-à-vis l'un de l'autre en une sorte de cérémonie, comme s'ils étaient toujours avec des étrangers ?

— Où voyez-vous ici une sorte de cérémonie ? me répondit mon interlocutrice ; ce n'est nullement ce que Thérèse recherche, je vous l'assure ; il n'y a pour elle, dans cette petite mise en scène familiale, qui indique les habitudes qui seront les siennes, autre chose que la pensée de faire pour tous la vie aussi agréable que possible.

Ne vous y trompez pas, ma chère amie, l'amour du luxe et du bien-être se trouve en toutes nos aspirations, quelle que soit la position dans laquelle nous nous trouvons ; et, bien loin de chercher à bannir ces aspirations, nous devons chercher à les donner à ceux qui ne les trouvent pas en eux, et qui doivent les satisfaire dans la mesure du possible, parce qu'elles sont l'un des éléments de notre bonheur.

Il en est de même de ce que vous pourriez appeler le luxe de la politesse dans nos relations familiales. Vous rencontrez à chaque instant des gens charmants avec ceux qu'ils voient un jour, en passant, et qui, chez eux, lorsqu'ils sont rentrés au milieu de la famille et des leurs, se figurent avoir le droit de se débarrasser de toute politesse et de tout le savoir-vivre qu'ils gardent pour le dehors et pour les indifférents.

Eh bien, je suis d'un avis absolument contraire.

Nous devons avoir, pour ceux avec qui nous vivons constamment, un respect qui nous oblige à une politesse continuelle envers eux, et à la recherche de ce qui peut leur être agréable. — Si vous êtes obligée de passer vous-même, ou de passer simplement le bras devant une personne étrangère, vous n'oublierez pas de vous excuser poliment de cette petite infraction aux lois du savoir-vivre? De quel droit la commettrez-vous alors avec les personnes avec qui vous êtes appelé à passer votre vie? Pour celles-là surtout, il me semble que si l'on a du cœur et de l'esprit, on doit apporter dans les relations familiales tout ce que l'on a de savoir-vivre et de bonne volonté.

Si vous vous excusez avec un étranger de lui

causer un dérangement désagréable, soit en passant devant lui, soit en le déplaçant ou en lui imposant une chose ennuyeuse pour votre convenance, pourquoi n'avez-vous pas la même excuse gracieuse pour votre femme, votre mari, ou même l'un de vos enfants? Cela est si parfaitement simple, que l'on en prend l'habitude sans même s'en apercevoir, et il deviendrait ensuite impossible de faire autrement. — On se rend ainsi la vie plus agréable, les relations familiales sont adoucies, et l'on se fait doucement aimer et apprécier, en donnant aux autres l'exemple qu'ils ne manquent pas de suivre.

Savez-vous de quoi dépendent souvent le charme de la femme et l'influence qu'elle sait exercer autour d'elle?

Ils dépendent précisément de cette urbanité et de cette politesse dont elle ne se départ jamais, et qui la rendent souvent mille fois plus attrayante que la femme qui tire son mérite de sa beauté, et même de son esprit et de sa fortune.

C'est précisément, je le crois, ce qui va arriver avec le frère aîné de Thérèse. Il s'est laissé séduire par les grands airs, le joli visage et la position sociale d'une jeune fille qui lui apportera dix fois la fortune que pourra avoir Thérèse; mais où les retrouverons-nous dans quelques années? L'une aura fait par son charme le bonheur de sa famille; l'autre?.....

— Oh ! ma chère amie, ne soyez pas trop pessimiste ! m'écriai-je, et ne cherchez pas à corriger ceux qui n'ont pas souci de nos conseils.

Madame Balmier se mit à rire. — « Je suis folle, dit-elle, de me lancer ainsi au milieu de pensées qui ne nous conduisent pas à notre but.

— Mais si, ils nous y conduisent, puisque, sans vous en apercevoir, vous m'apprenez le savoir-vivre de la vie intérieure, qui est peut-être le plus utile, quoique ce soit celui auquel on pense le moins. Mais, il y a une chose que vous oubliez, et que je tiens énormément à savoir, c'est-à-dire comment Thérèse, ou plutôt sa mère, va organiser sa maison au point de vue du service.

— Cette question, à notre époque, est peut-être plus importante et surtout plus épineuse que vous ne le croyez, reprit madame Balmier, et elle l'est tout autant pour le ménage simple et modeste, où l'on se contente du service d'un seul serviteur, que pour les maisons à grand fracas, où le service de plusieurs domestiques est nécessaire. Je devrai donc entrer pour cela avec vous dans quelques considérations générales, dont nous causerons demain, n'est-ce pas, loin du nid si heureux que nous quittons en ce moment.

Nous avons serré la main à nos deux jeunes amis, et j'ai rêvé toute la nuit à cet intérieur d'un jeune ménage.

X

LE SERVICE ET LES DOMESTIQUES

Manière dont les maîtres doivent se conduire.

— Pensez-vous qu'une jeune fille, arrivant de son village, où elle a souvent enmagasiné dans sa tête toutes les envieuses espérances d'une vie de liberté, ne sera pas totalement conduite au mal, qu'elle ne sait pas toujours discerner, si elle entre en service chez une personne légère et frivole, chez laquelle elle verra mettre le plaisir au-dessus du devoir, ou qui n'aura pour elle aucun des égards que nous devons toujours à la nature humaine ?

Je ne veux pas dire qu'avec l'état de choses actuel dans la domesticité, vous aurez, en agissant bien avec eux, de bons domestiques; mais vous atténuerez quelquefois pour eux et pour vous-mêmes les tristes conséquences du service indifférent qu'ils nous donnent aujourd'hui.

Nous sommes des juges quelquefois sévères; mais nous devons penser qu'ils ne le sont pas moins que nous; et, si nous ne devons jamais conserver un serviteur qui vous vole ou qui nous trompe, nous serons d'autant plus forts pour avoir avec eux cette exigence absolue, que nous aurons la justice de rémunérer leurs services de façon à ne pas leur donner la tentation de faire eux-mêmes des compensations qui ne seront jamais à notre avantage.

Une chose, qui me paraît aussi indispensable avec les domestiques est la régularité dans le payement de leurs gages ; beaucoup d'entre eux sont obligés d'aider leur famille ; quelques-uns, car il en est qui conservent de bons sentiments, désireux de se faire une caisse pour leur vieillesse, mettent leur gain à la caisse d'épargne. Il est donc immoral et cruel de leur enlever, par des retards de payement, la possibilité de remplir ces devoirs envers leur famille ou envers eux-mêmes. — Bien plus, le maître qui ne paye pas régulièrement se met complètement à la merci de ses domestiques qui, après avoir jugé ces retards à leur manière, se croient dispensés de la déférence et du respect qu'ils lui doivent.

En un mot, si nous voulons inspirer une supériorité à ceux qui nous servent, il faut que cette supériorité soit réelle par le cœur, par l'intelligence et par le savoir.

Nous serons alors bons et justes, les deux qualités qui font la vraie force de celui qui veut se montrer le maître.

Je vous ai dit que Thérèse ne prenait qu'une domestique. Elle est en cela prudente et sage. Elle recevra peu, et seulement les membres de sa famille ou des amis tout à fait intimes, les premières années après son mariage, et l'expérience de sa mère lui a fait comprendre que moins on a de domestiques, plus on est son maître.

Mais, après avoir traité la question au point de vue sérieux, laissez-moi lui trouver aussi le côté plaisant, qui finit toujours les digressions à la française, et vous raconter une petite histoire arrivée l'an dernier chez l'une de mes amies :

Vous savez que, plus que nous encore, les mœurs anglaises amènent forcément l'annihilation de la domesticité, qui existe plutôt encore de nom que de fait, puisque les *ladys help* (dames aides) montrent des exigences qui font de leur service une véritable tyrannie : ces dames veulent avoir leur jour de réception au parloir, et ce jour-là il ne faut réclamer d'elles aucun service; elles ne veulent faire les chambres et le ménage, qu'autant qu'elles y seront aidées par les maîtresses de la maison; elles ont leurs heures d'étude sur le piano ou sur le violon, etc., etc. Or, l'amie dont je vous parle, ayant deux petites filles, avait résolu de prendre une bonne anglaise, pour que les enfants apprissent avec elle la langue étrangère, et elle demanda à une maison de placement de lui adresser une bonne comme elle la désirait.

Au bout de deux ou trois jours, se présente une jeune fille d'une vingtaine d'années parlant assez bien le français, et elle s'annonce comme étant la bonne anglaise que l'on avait demandée.

— Vous aurez un service peu compliqué, répond madame D...; vous remplacerez ma femme de chambre, auprès de moi et des enfants, et vous n'aurez autre chose à faire qu'à leur parler toujours anglais pour leur apprendre cette langue.

— Et madame se charge de me perfectionner dans le français, n'est-ce pas ? — Je ferai ce que je pourrai pour cela en causant quelquefois avec vous; mais j'exige que vous parliez toujours anglais avec les enfants. — Alors je resterai au salon avec madame, et j'y pourrai recevoir mes visites?—Ah! — Je demande aussi que, lorsque madame recevra, elle me présente, non comme domestique, mais comme l'une de ses amies.

— Ah !.....

La conversation en était là lorsque M. D..., un savant, qui travaillait dans une pièce à côté et avait tout entendu, arrive devant la postulante et lui dit : — Vous venez vous présenter ici comme bonne? — Oui monsieur.

— A mon tour de vous faire subir un petit interrogatoire. Connaissez-vous la quadrature du cercle et le carré de l'hypoténuse? — Non monsieur. — Avez-vous étudié chimiquement les qualités de l'amylène?

— Non, monsieur. — Connaissez-vous les effets de la podophylline sur l'intestin grêle et sur le côlon? — Non, monsieur, répond la pauvre fille, de plus en plus interdite.

— Eh bien, ma bonne fille, vous ne pouvez-nous convenir pour notre service.

Et M. D... retourna à son travail, laissant la bonne anglaise réfléchir sur les difficultés du service chez les françaises, et surtout chez les savants.

Mais il me semble que nous avons assez traité cette question, sur laquelle nous ne pouvons rien d'une manière générale, et je viendrai vous chercher, demain matin, pour aller voir, à la campagne, de bons vieux amis, dont je suis sûre que vous serez bientôt aussi l'amie comme nous.

Nous nous serrâmes la main, et je suis venue écrire bien vite notre dernière conversation.

Je transcris ici, pour ne pas l'oublier, mon entretien avec Mme Balmier, au sujet de cette question des domestiques qui, en France, font, dit-on, le service de toutes les maisons.

— Voyons, comment va faire Thérèse? demandai-je comme première question.

— Thérèse n'a besoin, pour le moment, que d'une seule domestique. Sa position modeste et ses goûts, rendus simples par l'éducation qu'elle a reçue, l'empêchent de penser à un personnel plus important pour la première année de son mariage. Mais, cette domestique, comment la choisir?

Elle ne doit pas la prendre trop jeune, car le manque de savoir et d'expérience dans le service lui donneraient une incapacité qui ne peut produire que de mauvais effets. Une femme mûre a un autre inconvénient dans un très jeune ménage ; elle impose sa volonté, et devient alors une autorité dont l'influence peut être nuisible.

Il faut donc, à moins d'avoir une ancienne bonne ayant élevé la jeune femme, ou élevée elle-même par la mère de celle-ci, choisir une femme d'âge moyen, c'est-à-dire de vingt-cinq à trente ans, n'ayant pas trop servi à Paris, où les habitudes sont déplorables.

Ces pauvres filles arrivent de leur village ayant les meilleures intentions du monde. Elles gagnaient peu à la ferme ou dans la maison où elles étaient employées, et on leur montrait de loin Paris comme un mirage brillant, auquel elles se sont laissé prendre.

Dans le village, elles avaient sur la tête un petit bonnet ; et de gros sabots quelquefois aux pieds. En arrivant dans la grande ville, elles subissent une transformation complète et se métamorphosent en dames. Mais alors aussi l'amour du service et de la domesticité les abandonne ; elles ne voient plus dans la vie qui s'ouvre devant elles ni devoir ni travail ; mais seulement les plaisirs et les jouissances d'une existence parisienne et souvent désordonnée.

Si, malgré les exemples qui s'offrent à chaque pas devant elles, elles ont le courage et la volonté de résister à la tentation, les conseils pernicieux, qui leur arrivent de tous les côtés, et qu'il est si agréable d'écouter, les entraînent presque toujours, sinon à la débauche, au moins à sortir des devoirs qui peuvent en faire de bons serviteurs.

— Mais alors c'est le malheur pour elles et pour ceux qui sont obligés de recevoir leurs services ! m'écriai-je, un peu étonnée de l'appréciation de madame Balmier.

— Vous avez raison, répondit-elle ; la domesticité, telle que nous l'avons aujourd'hui, est comme une chose qui, ayant fini son temps et n'ayant encore rien d'établi ou même d'aperçu pour la remplacer, s'accroche à des branches pourries qui se brisent et laissent ce pauvre état de choses tomber par terre, sans qu'il puisse se relever victorieusement.

— Mais, peut-être ne comprenez-vous pas mieux qu'ils ne le font eux-mêmes vos devoirs envers eux, répliquai-je. Pourquoi considérez-vous vos domestiques comme des gens inférieurs à vous ?

— Et, précisément parce que nous ne valons pas mieux qu'eux, s'écria madame Balmier. Parce que, nous aussi, nous avons les mêmes aspirations de bien-être, de sensualisme, de luxe souvent effréné, et que, rencontrant dans le maître qu'ils copient des tendances qui n'ont besoin chez eux que de développement, ils ne craignent pas de s'y livrer avec frénésie. C'est toujours l'éternelle paille dans l'œil du prochain.

Nous n'avons pas, le plus souvent, de pires ennemis que nos domestiques; mais de qui cela dépend-il?

C'est qu'ils ne trouvent pas en nous cette bienveillance, presque cette affection que nous devrions avoir pour ceux qui, en entrant sous notre toit, devraient être presque considérés comme des membres de notre famille. Pourquoi nous aimeraient-ils si nous ne les aimons pas? Autrefois, disent les vieilles gens, les domestiques consentaient à être des inférieurs ; aujourd'hui ils ne le veulent plus. Est-ce nous en cela qui avons raison?

— Mais, ne pourrait-il pas se trouver des maîtres, ayant assez de cœur et d'intelligence, pour essayer de faire l'éducation de ces autres cœurs et de ces autres intelligences, qu'ils prendraient ainsi sous leur protection, et qu'ils perfectionneraient dans l'intérêt de tous.

— Oui; mais vous ne parlez là que d'exceptions, qui peuvent sans doute se rencontrer, tandis que nous devons rester, comme appréciation, dans la ligne générale. Cependant, c'est à l'exception que je veux précisément m'arrêter pour y puiser notre ligne de conduite; et nous arriverons peut-être à justifier cet ancien proverbe, qui n'a plus aujourd'hui sa raison d'être, que *les bons maîtres font les bons domestiques.*

Il faut leur faire comprendre, en ne restant pas oisifs et désœuvrés nous-mêmes, que le travail est une des nécessités de notre existence. Il faut, avec nos serviteurs nouveaux, agir précisément comme avec les enfants dont l'éducation nous est confiée. Nous marcherons d'autant plus sûrement que nous le ferons par l'exemple.

Avec eux, nous ne devons aussi avoir aucune de ces faiblesses qui encouragent le vice ou l'escroquerie; et j'appelle ainsi : l'anse du panier et même le sou du franc, passé dans nos mœurs, et qui n'est qu'un acheminement à la tromperie.

L'on ne doit jamais souffrir non plus un manque de respect chez un domestique, et il vaut mieux se priver des services de celui qui s'en est rendu coupable, s'il ne tient pas compte des avertissements réitérés qu'on doit leur faire plusieurs fois avant de les renvoyer. Bonté, bienveillance et justice sont donc les qualités principales exigées chez une maîtresse de maison pour avoir de bons domestiques.

XI

LES VISITES DE NOCES

Réflexions sur les autres visites, surtout celles du soir

— Nous avions projeté une petite excursion à la campagne, me dit le lendemain madame Balmier en entrant chez moi ; mais j'ai appris que Thérèse et son mari font en ce moment leurs visites de noces, et je suis certaine que vous seriez désolée de n'être pas là pour les recevoir.

— Quelle différence existe donc entre ces visites et les autres? demandai-je. — La première et la principale est celle-ci : que les visites de noces ne sont point astreintes à la règle ordinaire, qui oblige à faire les visites le jour seulement de réception de la personne chez laquelle on se présente. Si cela se peut et se rencontre, ce n'en vaut que mieux ; mais cela n'est point érigé en obligation, toutes devant se faire dans un délai trop court pour être assujetti à cette loi.

Les jeunes époux, qui doivent avoir à cœur de n'oublier personne, commencent par établir une liste très complète des personnes de leur connaissance qui se sont rendues à la bénédiction nuptiale à laquelle elles avaient été invitées.

Les relations ainsi établies ne dureront pas toujours, certainement, et il n'y a dans ce genre de visites qu'une manifestation polie, une sorte de remerciement aux personnes qui se sont dérangées pour former une brillante assemblée autour des mariés. Beaucoup de ces personnes ne seront pas chez elles, ou ne reçoivent pas en dehors du jour qui est le leur ; on se bornera donc à laisser une carte de M. et Madame, carte repliée sur l'un des côtés, pour indiquer que l'on est venu soi-même, mais... En ce moment, un coup de sonnette annonçant une visite, arrêta la phrase commencée par madame Balmier, et ma femme de chambre, à qui je n'avais donné aucun ordre contraire, annonça justement nos deux jeunes amis

Thérèse était charmante dans son très élégant costume de visites ; je remarquai cependant que, malgré la mode qui autorise tout le clinquant et la mise en scène la plus éclatante pour le costume, cette toilette très élégante du jour, quoiqu'elle fût faite pour sortir en voiture, avait une délicieuse simplicité, qui donnait, à l'instant même l'opinion la plus favorable sur la jeune femme qui en était parée; et sa robe, en soie magnifique, n'avait que des broderies mates, des ornements de dentelle, et point de traîne. Thérèse était si jolie ainsi que l'on eût volontiers pensé que c'était elle qui parait la toilette, au lieu d'en être parée.

La visite fut très courte ; c'était une apparition, un rayon de soleil et un sourire ; et, après cinq minutes, les pressions de mains et les promesses de se revoir bientôt échangées, les nouveaux époux remontèrent en voiture pour chercher d'autres impressions et d'autres visages. Cela devait durer ainsi plusieurs jours, jusqu'à la fin des visites. C'est une obligation, à laquelle il faut se plier sans trop d'interruption pour éviter tout froissement chez les personnes qu'un long retard pourrait disposer à se croire oubliées.

— Je n'aime pas, dis-je à madame Balmier, ces courtes visites, qui ne sont qu'un froid cérémonial et non l'expression du plaisir que l'on a à se rencontrer et à échanger ses pensées.

— C'est qu'il y a deux genres de rencontres de ce genre, reprit-elle ; celles qui sont obligatoires, et celles qui dépendent de la volonté. On y est obligé, lorsque l'on a reçu un service ou une politesse, et on est libre lorsque l'on n'a reçu que l'invitation de faire une visite.

Si vous rencontrez dans une maison tierce, une personne qui témoigne le désir d'entrer en relations avec vous, en vous désignant le jour où elle reçoit, il est évident que vous n'avez aucune obligation de vous y rendre, mais, si vous le faites, les relations deviennent presqu'aussitôt cordiales et restent souvent amicales et non cérémonieuses.

— Est-ce que l'on ne fait pas aussi des visites le soir ? demandai-je.

— Oui, quelquefois ; mais il faut s'en garder dans les maisons où l'on reçoit, même en petites soirées ; les hommes seuls peuvent se le permettre. La première raison est que, étant pour la plupart occupés dans la journée, ils ne peuvent faire de visites que le soir, et leur costume, étant toujours le même, soit pour visites, soit pour soirées, ils peuvent se présenter en toutes circonstances. Il n'en peut être de même pour les femmes, qui seraient fort mal à l'aise de se trouver en toilettes de visiteuses au milieu d'autres femmes venues pour une soirée. Cette seule raison doit les empêcher de faire ce genre de visites, à moins de se présenter dans une maison où l'on est tout à fait intime.

— J'ai remarqué, dis-je, que, dans les maisons où il y a des jeunes filles, certaines mères cherchent à attirer les jeunes hommes, tandis que d'autres, au contraire, ont une froideur qui doit nécessairement les tenir à distance.

— Il y a exagération des deux côtés, reprit madame Balmier ; il ne faut, dans ces cas-là, ni trop d'amabilité ni trop de froideur ; il faut seulement faire comprendre à un homme, qui peut être considéré comme un épouseur, qu'il doit éviter de se montrer trop souvent dans une maison où il y a des jeunes filles à marier. L'opinion publique est toujours curieuse, même lorsqu'elle n'est pas malveillante; et des assiduités sans but de ce genre peuvent compromettre une femme, ou au moins empêcher des partis sérieux de se présenter.

Je le dis donc ici absolument pour les hommes : ils doivent être très sobres de visites dans les maisons où il y a des jeunes filles, qu'ils ne désirent pas pour leur femme. Et la mère de famille, qui se trouverait en présence d'un homme qui ne comprendrait pas ces nuances de délicatesse, devrait nettement s'en expliquer, pour ne pas faire durer une position compromettante.

XII

CÉRÉMONIES FUNÈBRES

Deuils. — Enterrements. — Visites de deuil.

— Le facteur nous a remis ce matin une grande lettre encadrée de noir, dis-je à mon amie au moment où elle entrait le lendemain. C'est une triste invitation pour assister au convoi d'une personne avec la famille de laquelle nous n'avons eu que d'excellentes relations depuis notre séjour à Paris. Est-ce que nous devons nous rendre à cette convocation?

— Êtes-vous allée aux fêtes et aux dîners auxquels vous avez été invitée dans cette maison?

— Mais sans doute, puisque je veux vivre de la vie parisienne.

— Que vous dit alors votre cœur? — Que si j'ai partagé les plaisirs, je dois prendre ma part dans la douleur.

— Allez donc, comme vous le comprenez vous-même, à la triste cérémonie à laquelle vous êtes conviée.

Il y a quelques années, les hommes seuls allaient aux enterrements, et les femmes se bornaient à faire une visite ou à envoyer une carte; aujourd'hui il n'en est plus de même, et comme les hommes, les femmes accompagnent leurs amis jusqu'à leur dernière demeure. Seulement, il est à remarquer que, lorsque l'on fait quelque trajet à pied, pour franchir une courte distance, il n'y a jamais mélange entre les hommes et les femmes.

Les premiers suivent le corbillard et les femmes viennent ensuite.

Les hommes semblent ainsi nous dire :

..... Ce n'est pas ici une cérémonie mondaine, dans laquelle nous ayons besoin d'aucune galanterie; et pour n'être pas galants, ils oublient même la politesse. Mais, devant un usage reçu et pour celui-là il y aurait peut-être beaucoup de bonnes raisons à invoquer, il n'y a qu'à s'incliner, et à attendre...

— Pour quand est cette invitation ? demanda Madame Balmier.

— Pour demain à midi ; lisez vous-même. La lettre était ainsi formulée.

« Madame veuve R... et toute sa famille ont l'honneur de vous faire part de la perte cruelle qu'ils viennent de faire en la personne de M. R..., mort à Paris, dans sa 48ᵉ année. Ils vous prient d'assister aux convoi, service et enterrement,

qui auront lieu à midi très précis en l'église de...
On se réunira à la maison mortuaire. »

— Cette lettre est simple et par cela même bien faite, reprit madame Balmier. Le plus souvent cette sorte de faire part n'est qu'un prétexte aux plus orgueilleuses et sottes exhibitions de noms et de titres que l'on ne saurait où placer ailleurs. Il n'est pas rare de voir de longues pages, pressées, où s'accumulent, avec un orgueil insensé, tout ce que la vanité humaine peut produire de plus ridicule. Il est donc bien et de bon goût de réagir contre cette tendance, surtout dans une circonstance où il semble que l'on ne doive penser qu'aux choses sérieuses de la vie.

Cette lettre d'invitation n'est pas la seule que doive envoyer la famille du mort ; quelques jours après celle-ci, une nouvelle lettre, sans invitation, est adressée à toutes les connaissances que leur éloignement empêchait d'assister au convoi ; celle-ci n'est qu'une lettre de faire part, formulée comme la première, à part l'invitation.

Les personnes invitées, si elles ont quelques relations avec la famille du mort, doivent, à moins d'impossibilité, se rendre à l'heure indiquée dans la maison mortuaire. Les hommes ont toujours leur costume noir ; mais les femmes doivent éviter les toilettes tapageuses et les couleurs éclatantes; et, autant qu'elles le pourront, elles prendront un costume noir.

En entrant dans la pièce où se tiennent les membres de la famille, il faut s'avancer vers eux et leur témoigner, par une chaleureuse pression de main, ou par une effusion du cœur, la part que l'on prend à leur douleur.

..... A Paris, où les femmes ont coutume de beaucoup s'embrasser, toutes les amies un peu intimes embrassent les femmes de la famille atteinte. Puis, l'on s'assied silencieusement, en attendant le départ du cortège. Ce départ est annoncé par un maître des cérémonies, qui s'incline devant la famille, et donne avis que le moment terrible est arrivé.

Alors descendent les en tête, les personnes qui doivent conduire le deuil, c'est-à-dire marcher les premières, immédiatement après le corbillard. Ce rôle est toujours rempli par les plus proches parents (hommes) de celui qui vient de mourir. Ce sont les fils, frères, mari, père, toujours accompagnés par quelque ami officieux, quand les parents ne sont pas assez nombreux pour rester seuls en famille. Une femme ne conduit jamais le deuil.

— Si vous vouliez venir avec moi, demain, vous me rendriez un véritable service, dis-je à madame Balmier.

— Avez-vous l'intention d'aller jusqu'au cimetière, ou pensez-vous vous retirer après la cérémonie à l'église? demanda celle-ci.

— Je ne sais, que dois-je faire? — Soyez bonne et polie jusqu'au bout, dit mon cicérone; cela vous permettra, d'ailleurs, de vous rendre compte par vous-même de ce qui se passe dans ces tristes cérémonies des adieux éternels. Demain, à onze heures et demie, je serai ici avec une voiture; vous serez prête, n'est-ce pas, afin que nous n'arrivions pas trop tard ?

— Pourquoi faire une voiture, puisque la maison où nous devons nous rendre est à quelques pas d'ici? — Parce qu'il arrive, presque toujours, que les voitures envoyées pour le service mortuaire ne sont pas assez nombreuses pour les personnes qui se sont rendues à l'appel de la famille, et qu'il vaut mieux avoir sa voiture à soi que d'en chercher une à la hâte, sans certitude d'en trouver, ou de donner aux personnes intéressées, qui s'apercevraient de votre détresse, le regret de n'avoir pas été assez prévoyantes.

..... La jeune veuve n'était point dans le salon où se réunissaient les amis de la famille, et son frère et sa sœur en faisaient les honneurs avec une tristesse profonde, qui n'empêchait point la cordialité de leur réception.

— Est-ce qu'elle ne paraîtra pas? demandai-je tout bas.

— Non, il y a des douleurs qui se respectent trop pour servir de mise en scène; et, quelle que soit la force d'une femme, elle n'est jamais assez sûre d'elle-même pour ne pas craindre de se donner en spectacle. Il n'en est pas de même pour un mari qui perd sa femme. Il ne saurait se dispenser de l'accompagner à sa dernière demeure, et c'est même lui, comme je vous l'ai dit, qui doit conduire le deuil. Une mère non plus n'accompagne pas son enfant, à moins qu'elle se sente une énergie et un courage qui la poussent à ne vouloir abandonner celui qui emporte son cœur que lorsque ce cœur sera achevé de briser par l'horrible réalité de la fosse. Il n'y a là ni usage ni code mondain ; la mère qui vient de perdre son enfant n'appartient plus à la terre. Quant aux autres parents, ils doivent considérer comme un devoir l'obligation d'accompagner un des leurs jusqu'à sa dernière demeure.

Il est absolument inconvenant de parler fort et de choses étrangères lorsque l'on suit un enterrement, fût-on même enfermé dans une voiture. Mais cela me semble presque inutile à recommander.

Au milieu de la tristesse, quelquefois désespérée de ceux à qui l'on est venu donner une preuve de sympathie, les pensées ne peuvent être gaies et l'on a assez le temps de les retrouver plus tard.

A l'église et au cimetière, les personnes de la famille s'échelonnent, les hommes d'un côté, les femmes de l'autre, et les amis et connaissances défilent devant eux en leur serrant la main, en signe de salut et de sympathie. A moins d'avoir une intimité exceptionnelle, qui autorise toutes les immixtions dans leur vie privée, on ne retourne jamais à la maison avec les parents du mort.

Quelques jours après l'enterrement toutes les personnes qui y ont assisté, reçoivent une grande carte largement bordée de noir, contenant les noms des deux ou trois plus proches parents, quelquefois un seul, le nom de celui que la mort a enlevé représenté par ceux qui restent.

— Mais comment connaît-on toutes les personnes qui sont venues?

— Dans les maisons où l'on a un très grand nombre de relations, on met dans l'antichambre, ou même dans le vestibule de la maison, une table sur laquelle sont posés un registre, un encrier et une plume et chaque arrivant va s'y inscrire. De cette façon, on ne peut oublier personne.

— Est-ce que je ne dois pas une prompte visite à madame B... demandai-je?

— Prompte non, répliqua madame Balmier car le même motif qui l'a retenue aujourd'hui pour se montrer, peut aussi lui faire désirer une solitude complète ou la compagnie seule de ses amis les plus intimes. Attendez donc quinze jours au moins avant de vous présenter; et, pour peu que vous aperceviez la moindre hésitation lorsque vous demanderez à la voir, bornez-vous à remettre une carte cornée, en demandant à quelle époque la jeune veuve voudra bien recevoir votre visite. Tout cela, vous le comprenez, ne peut avoir rien d'absolu; et il est telle personne qui recevra huit jours après le départ de l'être qui lui était le plus cher, quand telle autre restera un mois enfermée sans aucun souci des bruits de la vie. Et rien ne doit nous paraître plus respectable que l'expression de cette douleur.

Mais il est temps que nous abordions maintenant la grande question des deuils, dont on se préoccupe tant, quand il serait si facile de comprendre soi-même ce que l'on doit faire.

Autrefois, il est vrai, on avait pour cela un cérémonial dont on ne s'est pas tout à fait affranchi, mais qui est bien loin d'avoir la rigueur que l'on tenait à observer il y a quelques années; et, à Paris surtout, si l'on observe le cérémonial des deuils avec quelque rigueur, il se fait quelquefois si bonne femme, qu'on ose lui manquer parfois un peu de respect en ne tenant pas un compte trop sévère de ses prescriptions.

Voici, du reste, quel est en ce moment le code que peuvent consulter les personnes qui veulent rester rigides à cet égard :

Le plus grand deuil, le deuil de veuve, se porte un an et six semaines. Les six premiers mois grand deuil, robe de laine, cachemire, cheviotte, baarpoor, drap, etc., sans garnitures autres que du crêpe anglais, sans draperies. Chapeau de crêpe, sans ornements, grand voile de crêpe. Au bout de six semaines le grand voile est mis derrière, et remplacé par une voilette de crêpe sur le visage. Grande confection semblable à la robe, garnie aussi de crêpe anglais. Gants de peau de Suède ou de castor. Les trois mois suivants, robe de satin de laine ou d'étoffe brochée en laine, à volonté. Les trois mois après, robe de soie mate, vêtement de soie ou de velours. Chapeau de soie ou de dentelle, orné de rubans, gants de chevreau. Les trois derniers mois, demi-deuil sévère.

Deuil de père et de mère. — Un an. Six mois de grand deuil, les trois mois suivants : soie et étoffes noires de fantaisie ; les trois mois après demi-deuil sévère.

Deuil de grand-père et de grand'mère, de frère et de sœur. — Six mois. Les trois premiers mois robes noires auxquelles on peut donner un peu de fantaisie, chapeau de soie orné de crêpe, gants de chevreau. Les trois derniers mois demi-deuil.

Deuil d'oncle de tante, de cousins. — Trois mois. Les six premières semaines robe de soie mate ou lainage fantaisie ; les six dernières semaines demi-deuil.

Ces règles du deuil, à peu près les mêmes qu'elles étaient autrefois, n'ont subi qu'une modification, c'est celle du deuil des enfants, que ne portaient pas nos aïeuls.

Il est aussi d'usage de faire prendre le deuil aux domestiques lorsque meurt un membre de la famille, dans la maison qu'ils habitent. On peut s'en dispenser lorsque l'on habite au loin de la maison mortuaire, si surtout le mort n'est pas un très proche parent.

— Mais, dans toutes ces descriptions et distinctions, vous ne m'avez jamais parlé de la manière dont les hommes portent le deuil, demandai-je?

— C'est que le costume des hommes, étant presque toujours en drap noir, ils n'ont rien ou peu de chose à y changer; et leur deuil, tout en étant de la même durée, ne se marque que par la hauteur du crêpe qu'ils portent à leur chapeau.

Ainsi, un veuf porte son chapeau, qui doit être à haute forme, complètement couvert de crêpe dans toute sa hauteur, pendant les premiers six mois, et il le fait abaisser à demi-hauteur pour le reste de son deuil. Pour un père et une mère, grand-père, grand'mère, frères et sœurs, on va en diminuant un peu suivant le degré de parenté plus ou moins rapproché. Ce sont des nuances qui sont toujours données et appréciées par le chapelier, à qui l'on n'a qu'à indiquer le degré de parenté que l'on avait avec le mort.

Le deuil porté pour les enfants ne peut avoir et n'a aucune règle. Le cœur de la mère, lorsqu'il saigne, n'a pas besoin de lois qui lui imposent comment elle doit s'habiller, pas plus qu'elles ne lui disent comment elle doit pleurer.

Est-ce que, chez vous, les personnes en deuil font des visites, vont dans le monde, au théâtre, et même aux mariages ?

— Cela dépend absolument de l'époque du deuil à laquelle on se trouve. Il est bien évident que, quelques semaines après la mort d'une personne chère, dont on était la proche parente, on ne saurait, sans blesser les convenances et plus encore son propre cœur peut-être, assister à une fête mondaine, ou faire même des visites du même genre.

Mais, lorsque le deuil n'est devenu qu'une affaire d'habitude ou de convenance, on peut très bien faire des visites, assister à des soirées intimes, et même à un mariage.

Seulement, pour cette dernière cérémonie, il est indispensable, sinon de quitter tout à fait le noir pendant quelques heures, au moins de l'égayer assez pour lui ôter toute apparence funèbre, ou même de simple tristesse.

Il ne faut pas assombrir les pensées joyeuses qui sont toujours censées accompagner les jeunes époux le jour de leur mariage. Si l'on garde une toilette noire, elle devra être en soie ou en étoffe claire et légère; mais jamais en laine mate, et l'on devra y ajouter quelques ornements de couleur, comme plumes ou rubans, ou même simples broderies, pour ôter toute apparence de deuil à son costume, que l'on est libre de reprendre aussitôt après les cérémonies du mariage.

Quant aux visites, il n'y a pas de cérémonial absolu pour en fixer l'époque ; et, en existât-t-il un, peu de personnes aujourd'hui sont disposées à s'y soumettre sans y apporter un peu le contingent de leurs opinions et de leurs fantaisies.

Les visites de veuvage se rendent généralement après les premiers six mois de deuil ; mais cette règle n'existe que pour les visites très cérémonieuses, et personne ne trouve mauvais ou extraordinaire que l'on n'attende pas l'expiration de ce délai pour rendre les visites familiales ou intimes. Le même laps de temps est marqué pour les visites à rendre après la mort d'un père ou d'une mère, et trois mois pour celles qui suivent la perte d'un grand-père, d'une grand'mère, d'un frère ou d'une sœur. Les autres ne subissent aucune règle, et se font quand on le juge à propos.

Je vous ferai observer que je parle ici des usages établis à Paris où, si l'on est tout aussi rigoriste qu'en province pour ce qui concerne l'étiquette du deuil, on l'est certainement beaucoup moins pour ce qui en concerne la durée, et je conseillerai toujours aux personnes qui habitent la province, de ne pas jeter leur bonnet par-dessus les moulins pour faire « *comme à Paris ;* » mais de se conformer un peu aux usages établis dans le pays qu'elles habitent.

Cette réflexion, du reste, s'applique à tout, et ne doit pas être une exception pour ce qui concerne seulement le deuil.

— Est-ce que vous pensez, demandai-je, qu'il y ait inconvenance à faire de la musique lorsque l'on se trouve en grand deuil?

— Mais certes non, il n'y a pas inconvenance, puisque là, vous agissez pour vous et non pour les autres, et que, par conséquent, vous ne faites de la musique que si cette action répond à vos aspirations et aux besoins de votre cœur. Est-ce qu'il n'y a pas telle musique qui, au lieu de nous disposer aux pensées gaies, nous élève l'âme et la prédispose aux grandes pensées sérieuses ou tristes, et ne vous trouverez-vous pas ainsi plus rapprochée de ceux que vous avez perdus et que vous aimiez, que vous ne le seriez par la conversation futile d'une amie qui viendra vous apporter de mondains commérages? Tout cela est donc et doit être absolument laissé à l'appréciation particulière et ne doit jamais trouver de loi.

Ces réflexions ne peuvent en rien s'appliquer au professeur ou à l'artiste dont le métier est de faire ou de composer de la musique. Celui-là prend son archet ou ouvre son piano, comme l'écrivain prend sa plume ou le peintre son pinceau, et ce n'est pas pour lui faire de la musique, que de faire vibrer des notes, quelquefois joyeuses, quand ces vibrations répondent aux besoins de sa famille ou aux siens propres.

Je terminerai ces longs détails sur tout ce qui concerne les deuils et leurs convenances en recommandant de ne rien affecter à cet égard; la bordure noire du papier et des enveloppes ne doit pas arriver à des dimensions qui disent beaucoup plus la vanité que les regrets de ceux qui les exagèrent, et que tout ce qui sort du naturel, et se devine si vite, est une preuve de mauvais goût qui ne saurait que donner prise à une malveillance toujours aux aguets pour ce qui lui paraît sortir de l'ordinaire.

XIII

QUELQUES USAGES DE LA VIE EXTÉRIEURE

Courses dans la rue, en omnibus. — Réflexions.

— Vous m'apprenez certes bien des choses, dis-je un jour à madame Balmier ; mais toutes ces choses tiennent surtout aux relations mondaines, et il me serait agréable et souvent utile de me mêler un peu à la vie de tout le monde, pour ne me trouver embarrassée en aucune circonstance.

— Eh bien, il y a aujourd'hui courses à Longchamps ; voulez-vous que nous y allions seules, tout à fait en plébéiennes, soit à pied, soit en omnibus, de façon à ce que vous puissiez voir cette vie extérieure de tout le monde ?

J'acceptai avec grande joie, c'était une nouveauté pour moi cette course au grand air, avec la voiture publique, dont je n'avais encore jamais pensé que je pusse faire usage.

— Seulement, dit madame Balmier, faites attention à ne pas faire la même toilette que celle que vous feriez dans votre voiture, ou même dans une voiture de remise. Vous allez dans la foule, et il faut vous habiller comme la foule, et de façon à ne point attirer les regards.

— Que dois-je donc mettre ?

— Une robe de simple lainage, avec un chapeau de paille, ou une toilette tout à fait noire. C'est encore, à mon avis, ce qu'il y a de plus convenable pour passer inaperçue. Seulement, que votre chaussure et vos gants ne puissent donner aucune prise à la critique, c'est à cela qu'à Paris on reconnaît toujours la femme habituée au monde et au respect d'elle-même... Mais, en dehors de chez soi, dans la rue, la plus scrupuleuse simplicité est absolument nécessaire pour la femme qui ne veut point être remarquée.

Les mains nues, même des mitaines, ne peuvent être tolérées que dans la maison, et une chaussure avachie et une robe maculée ne peuvent être tolérées nulle part.

Le soin de sa personne, joint à cette grande simplicité dont je vous parle, sont le cachet auquel on reconnaît la véritable femme du monde et la Parisienne. Dirigeons-nous vers la station des omnibus, la voiture démocratique avec laquelle vous allez faire connaissance.

Voici, sur le trottoir, devant nous, une pauvre femme ayant un enfant sur un bras et un autre qu'elle tient à la main. Hâtons-nous de descendre du trottoir pour lui laisser libre place ; elle est plus âgée que nous, et elle est malheureuse et embarrassée... Il n'en sera pas de même pour ce jeune homme qui vient plus loin. Pour peu qu'il ait quelque savoir-vivre, ce sera lui qui nous cédera la place, ou qui au moins, si le trottoir est assez large, devra passer du côté du ruisseau et nous laisser celui des maisons. Cette petite observation doit être faite aussi pour une jeune femme, quelle que soit sa position dans le monde, envers une femme âgée ou infirme.

— Je viens de vous voir vous incliner très gracieusement pour répondre au salut d'un monsieur qui vient de passer à côté de vous. C'est donc un de vos parents ou l'un de vos amis très intimes ?

Ni l'un ni l'autre, ma chère amie ; j'ai rencontré ce monsieur quelquefois dans le monde, et il se croirait impoli s'il avait l'air de ne pas me reconnaître.

Il n'en est pas toujours ainsi ; en Angleterre, par exemple, un homme n'oserait saluer dans la rue une femme à laquelle il n'aurait pas été présenté, l'eût-il même rencontrée dix fois. Nos mœurs n'ont pas tout à fait cette rigidité, et nous ne pouvons nous offenser de ce qui n'est qu'une marque de politesse.

Seulement, à moins d'exceptions qui peuvent toujours faire excuser un manque de savoir-vivre, ne vous arrêtez jamais à causer avec un homme dans la rue. S'il faisait mine de le désirer, faites vous-même comprendre, par un salut plus accentué et un peu de précipitation dans votre marche, que vous n'êtes pas disposée à répondre à ce désir.

— Oh! voyez donc les beaux diamants étalés derrière cette vitrine! Quel magnifique collier, quels bracelets admirables! — Mais oui, j'ai vu tout cela comme vous, en passant; mais je ne m'arrêterai pas à les contempler dans la rue. Vous en avez certainement vu de plus beaux; et, si vous avez le désir de les admirer longuement et de plus près, entrons dans le magasin, où l'on ne demandera pas mieux que de nous les faire voir, et ne donnons pas aux badauds du boulevard le spectacle de nos admirations et de nos ébahissements. Je vous assure que vous ne verrez jamais une femme bien élevée s'arrêter ainsi devant toutes les boutiques et faire croire qu'elle envie tout ce qui s'y trouve.

— Ah! voici un enterrement qui passe! Remarquez avec quel respect chacun s'arrête, et comme tous les hommes se découvrent pour saluer la mort, cette grande inconnue, que nous respectons d'autant plus que nous ne connaissons d'elle que sa puissance. Aussi ce respect est-il en France, et à Paris surtout, porté jusqu'à ses plus extrêmes limites, et l'homme le plus haut placé dans la hiérarchie sociale, n'osera garder son chapeau sur la tête devant le cercueil de l'indigent qui passe.

..... Mais, nous nous attardons à tant de remarques, que nous courons le risque de ne pas arriver à temps pour voir les courses, continua madame Balmier en consultant sa montre.

— Quoi ! vous avez une montre ! m'écriai-je ; mais voilà la première fois que je m'en aperçois. Je vous ai pourtant déjà vue souvent en grande toilette.

— Mais c'est précisément parce que j'étais en grande toilette que vous ne m'avez pas vu de montre. Ce bijou, tout à fait indispensable pour les courses, les sorties du matin, les voyages, ne se doit jamais porter ni pour les visites, ni pour les soirées, ni pour les dîners. Dans toutes les circonstances où l'on fait toilette pour aller dans le monde, avoir une montre indique un manque absolu de savoir-vivre. Est-ce parce que l'on ne doit pas avoir l'air de compter le temps, ou parce qu'il ne faut pas faire parade de luxe dans un objet d'utilité, toujours est-il que la montre est absolument bannie des réunions mondaines pour une femme ?

— Mais, il n'en est pas ainsi pour les hommes, je crois ?

— Non, pas tout à fait ; un homme peut avoir une montre lorsqu'il est dans un salon ; mais à la condition absolue qu'elle ne sera indiquée par aucune chaîne brillante et surtout par aucune breloque. Il peut l'avoir simplement dans une poche où on ne la verra pas.

— A peu près comme vous faites vous-même dans la rue?

— Oui, j'ai en horreur ces exhibitions de chaînes et de châtelaines, qui font la joie de certaines femmes. Je ne les blâme point, puisqu'il faut que quelque chose tienne la montre, lorsque l'on est obligée de la porter; mais, à mon avis, mieux vaut la porter pour soi que pour les autres. Et, dans la rue, je pense qu'aucun bijou n'est nécessaire.

— Justement, nous n'aurons pas besoin d'aller jusqu'au bureau, voici un omnibus qui arrive sans être complet, nous allons y monter.

Et, par un signe transmis avec son ombrelle, madame Balmier fit arrêter le cocher, et nous prîmes place dans la voiture aux longues banquettes garnies de drap bleu.

Personne ne sembla s'occuper de nous, ou même nous remarquer. C'était bien ce que voulait madame Balmier.

— Eh ! là-bas ! la femme, faites-moi donc le plaisir de fermer la vitre qui est derrière vous ! cria rudement une voix auprès de moi.

Cette injonction s'adressait à la voisine de madame Balmier; mais elle n'eut pas l'air de l'entendre, et elle ne répondit ni ne releva la vitre. — Vous me mettez dans un courant d'air ! cria l'autre en se fâchant plus haut : même silence de la part de la voisine.

Cela menaçait de se gâter tout à fait, lorsque madame Balmier, avec la plus grande douceur et une politesse extrême, se tourna vers cette dernière et lui demanda de lui laisser relever le carreau de vitre, dont l'ouverture l'incommodait elle-même. A l'instant même, et le plus gracieusement qu'elle le put, la voisine leva, sans mot dire, le carreau malencontreux.

Je n'eus pas besoin d'une réflexion de madame Balmier pour comprendre comment il faut se conduire en public, lorsque l'on se trouve dans un milieu où la valeur personnelle ne s'escompte que par la politesse, qui s'impose toujours.

Je remarquai cependant que cette politesse elle-même fit place, chez madame Balmier, à un air de dignité offensée devant la grossièreté d'un voyageur qui voulut la pousser pour descendre lui-même plus vite. Elle n'eût certes pas demandé mieux que de s'effacer et de faire place à une demande convenablement formulée; mais elle accentua sa position de première à passer, devant une exigence qui ressemblait presque à une insulte.

— Jamais, me dit-elle ensuite, une femme ne doit souffrir qu'on lui manque de respect, en aucune façon, et ce respect restera d'autant plus entier qu'on la verra rester toujours dans les limites de la justice la plus complète en ne souffrant à personne le droit de prendre, à son détriment, une place ou un avantage qu'elle-même ne prendra à aucun autre.

Elle doit être partout bonne, bienveillante, prête à rendre tous les services qui sont en son pouvoir; mais elle devra, également, conserver toujours sa dignité et ne pas faire bon marché du respect qu'elle sait lui être dû.

Ces dernières réflexions étaient faites au moment où nous atteignions le but de notre voyage.

Bien entendu qu'en arrivant très tard, et avec notre désir de rester tout à fait dans la foule, nous ne pûmes trouver place sur les tribunes, sur lesquelles seules on peut bien voir et surtout être vu. Il nous fallut donc rester sous les rayons d'un soleil brûlant, avoir les pieds quelquefois écrasés par des gens trop pressés, entendre des lazzis, des plaintes, souvent justes, contre la destinée qui mettait les uns aux bonnes places et les autres par terre, et nous retournâmes le soir, brisées de fatigue. Mais j'étais heureuse d'avoir vu autre chose que la banalité de la vie du monde, tout en me disant cependant que, pour l'apprécier, j'aurais dû choisir une autre circonstance que celle amenée par un plaisir qui n'a sa raison d'être que lorsqu'il n'est pas accompagné de privations et de souffrances.

XIV

EN VOYAGE

Vie de campagne. — Contraste entre jeunes filles. — Superstition. — Cuisinières improvisées. — Générosités envers les domestiques étrangers. — Pour boire. — Les œufs à la coque. — A l'hôtel.

... J'avais fait, pendant l'hiver, quelques connaissances agréables que je désirais cultiver pendant tout le temps que je devais rester en France. Ce fut donc avec un véritable plaisir que j'acceptai l'invitation qui me fut faite par une vieille dame d'aller passer chez elle, à la campagne, les premiers beaux jours que nous ramenait le printemps.

Je m'étais assez liée avec la fille de madame Danson qui devait, avec son mari, être de la partie, pour que ce voyage constituât pour moi une véritable partie de plaisir.

Seulement, il me fallait me séparer de mon cher Mentor, dont les conseils, je le sentais bien, m'étaient toujours si nécessaires. Comment allais-je faire sans elle ?

Madame Danson sembla deviner et comprendre

mon embarras, sans qu'il me fût même venu à l'esprit de lui en parler. — Madame Balmier serait vraiment bien aimable si elle voulait nous faire le plaisir de vous accompagner, me dit-elle. Voulez-vous vous charger de mon invitation pour elle ?

Rien ne pouvait m'être plus agréable ; aussi remis-je avec le plus grand empressement, à madame Balmier, le tout aimable petit billet par lequel elle était invitée à venir avec moi, et je compris que madame Danson, avec son tact et son savoir-vivre de femme du monde, avait cherché à être d'autant plus polie et gracieuse avec mon amie, que celle-ci, était dans une position un peu dépendante, et qu'elle ne pouvait manquer de comprendre qu'elle n'était invitée qu'à cause de moi. Mais, elle aussi, elle avait ce tact exquis, qui vient du cœur autant que de l'esprit, et elle accepta avec empressement l'invitation que je venais de lui remettre, sans faire la moindre allusion à nos positions respectives. Je les oubliais si bien moi-même auprès d'elle, qu'il était impossible aussi qu'elle pût s'en souvenir.

Notre départ fut donc arrangé pour le surlendemain matin, la journée du lendemain nous étant nécessaire pour nos préparatifs. — Je craignais surtout, en allant dans une maison et chez des personnes tout à fait étrangères, de n'avoir pas les costumes utiles pour ce genre de réunion, quelque intime du reste qu'il dût être. — Mais, je savais déjà par expérience, que rien n'est plus traître qu'une invitation intime à Paris. On vous a dit : « Venez, nous serons entre nous, sans cérémonie. » Et, en entrant au salon, vous vous trouvez au milieu de cent personnes en grandes toilettes, qui ne se sont pas laissé prendre, comme vous, à l'invitation sans cérémonie.

Je me disposais donc à faire entasser dix superbes toilettes, dans deux ou trois malles au moins, lorsque madame Balmier, que je désirais consulter, entra dans ma chambre.

— Qu'est-ce que vous faites là ? me demanda-t-elle en riant.

— Mais, je me prépare pour notre voyage.

— Et vous vous préparez, avec des robes de velours, de satin et de dentelle ?

Je la regardai avec un étonnement interrogateur.

— Je vous connais deux ou trois charmants costumes sans façon, tout en lainage, ou en laine et soie, me répondit-elle ; joignez-y simplement une robe de dentelle noire, la plus unie, en cas d'une ou deux soirées, et laissez bien vite dans vos armoires parisiennes tout ce flot et ce flafla, qui seraient absolument déplacés dans la visite que nous allons faire. Plus on appartient au monde élégant, dans lequel on a mille occasions de se faire belle et de montrer sa toilette, et plus on tient à être simple dans les réunions à la campagne.

Je comprenais si bien ce que me disait mon amie, que je m'étonnai, de bonne foi, de n'y avoir pas pensé moi-même tout d'abord. Je fis donc le choix qu'elle m'indiquait parmi mes costumes, et, au lieu de mes trois ou quatre malles, dont je comprenais maintenant tout le ridicule, je me trouvai parfaitement munie de tout ce qui m'était nécessaire, en n'en employant qu'une seule, de moyenne grandeur.

... Le lendemain, à midi, nous prenions le train de la gare Saint-Lazare qui devait nous déposer, à cinq heures, à deux ou trois kilomètres de la campagne à laquelle nous étions attendues. — Une voiture, confortable et commode, sans avoir la moindre prétention au luxe, nous y attendait. Elle était conduite par l'un de ces bons vieux cochers à figure honnête, que l'on comprenait devoir être un de ces anciens serviteurs, dont la race s'est presque éteinte, et qui voyaient, dans la même famille, naître les petits enfants et mourir les vieillards. — Le vieux Simon nous fit donc, dès l'arrivée à la gare, les honneurs de la maison où nous allions arriver. C'était une impression à la fois douce et confiante, qui donnait du bonheur d'aller prendre sa part dans cette bonne vie de famille, que nous pressentions déjà.

Pendant le trajet fait dans la voiture, je continuai mon rôle d'interrogation continuelle.

— Pourquoi ne disiez-vous presque rien en wagon ? demandai-je à madame Balmier ; vous, d'ordinaire si causeuse et si aimable, vous aviez malgré votre air toujours gracieux, quelque chose de réservé et de grave que je ne suis pas habituée à trouver en vous ?

— C'est que là nous n'étions qu'avec des étrangers, me répondit-elle, des gens peut-être très charmants, mais que nous ne connaissons pas, et auxquels nous ne pouvons livrer notre pensée et nos actions.

..... Même la causerie intime que nous aurions pu avoir entre nous les eût peut-être trop initiés à notre vie ; voilà pourquoi il me semble mieux, en semblable circonstance, être un peu banale que trop familière.

Du reste, un peu de silence entre soi laisse le temps d'admirer le paysage que l'on parcourt, et d'étudier un peu ses voisins, ce qui n'est pas toujours sans intérêt.

Autre question. — Pourquoi m'avez-vous engagée à ne pas emmener ma femme de chambre ?
— Parce que malgré l'apparence de fortune de madame Danson, je ne sais pas assez quel est le train de sa maison, surtout à la campagne, pour ne pas craindre de lui imposer une gêne en amenant des domestiques étrangers, du moment qu'elle ne nous y a pas elle-même engagées. Il n'est pas douteux, soyez-en sûre, qu'elle mettra pour cela, à notre service, une personne habituée

à sa maison, et qui donnera par conséquent beaucoup moins d'embarras... Du reste, il faut toujours éviter, si vous voulez m'en croire, de trop occuper les domestiques d'une autre maison à son service personnel. Il faut penser qu'ils ont d'autres travaux, plus généraux, et il faut apprendre un peu à se servir soi-même pour n'être pas un accaparement incommode. Une femme qui sait se coiffer, se chausser et s'habiller elle-même, n'est presque jamais un hôte désagréable, tandis qu'elle peut jouer ce rôle en ne sachant rien faire....

Nous venions de déboucher dans une fort belle avenue de tilleuls, lorsqu'un groupe joyeux et un peu tapageur se montra presqu'inopinément devant nous. C'étaient M. et madame Raffin, le gendre et la fille de madame Danson, accompagnés de quelques amis, invités comme nous, et arrivés depuis la veille.

En les apercevant, madame Balmier appela le vieux Simon. — Arrêtez la voiture et laissez-nous descendre, lui dit-elle. Et, se tournant vers moi : — Il serait de la plus grande impolitesse de continuer seules notre route en voiture, lorsque les maîtres de la maison viennent ainsi si gracieusement à notre rencontre.

Je compris si bien son observation que je me précipitai vers la portière, au moment où M. Raffin, appréciant notre intention, venait lui-même l'ouvrir pour nous aider à descendre... J'acceptai son bras, pour longer la grande avenue, et nous arrivâmes bientôt dans une vaste et belle maison de campagne, où nous fûmes reçues, avec une cordialité charmante, par la vieille madame Danson, qui me parut des plus avenantes, et presque jeune encore, sous le grand chapeau de paille qui abritait ses cheveux gris et ses traits ridés par l'âge.

Les autres invités avec lesquels nous nous trouvions m'étaient absolument inconnus; mais, avec son tact de femme du monde, et après nous avoir, dès le premier moment, présentés les uns aux autres dans les termes les plus aimables, madame Danson déclara qu'elle n'entendait point qu'il y eût entre nous la gêne qui peut exister et se tolérer dans un salon, où l'on ne se rencontre que pendant quelques heures, et où l'esprit est envahi par de distrayantes occupations.

A la campagne, lorsque l'on doit passer quelques jours ensemble, il faut vite faire connaissance, et chacun doit apporter, dans ces relations nouvelles, toute la bonhomie qui gît toujours au fond de nos cœurs, lorsque nous nous donnons la peine de l'y découvrir.

Je l'y trouvai tout de suite pour deux dames invitées, la mère et la fille. L'une, veuve d'un colonel sans fortune qui ne lui avait laissé, pour vivre, qu'une modique pension, qui ne pouvait complétement satisfaire ce demi-besoin de luxe et de bienêtre, dont on se passe si difficilement lorsque l'on y a été habitué...

L'autre, la jeune fille, adorable enfant de dixhuit ans, qui consacrait sa vie à la peinture, avec l'espérance d'en faire, un peu plus tard, une ressource lucrative pour l'existence de sa mère et la sienne.

Rien n'est plus charmant que l'intimité de ces deux femmes. L'une ne vit que pour sa fille; l'autre ne cache pas une de ses pensées à sa mère. Celle-ci est son amie, sa confidente, et elle lit à livre ouvert dans ce cœur de jeune fille, qui ne comprend pas le mal, parce qu'elle ne l'a jamais vu. Au bout de quelques heures, j'avais déjà deviné qu'un grand jeune homme blond, que l'on appelait Oscar, projetait de détruire, à son profit, cette intimité et cette confiance qui existaient entre la mère et la fille. Je fus intéressée par cette petite comédie, que je ne faisais que pressentir encore, et je me promis de ne pas perdre de vue les acteurs qui allaient y jouer un rôle.... Je m'aperçus, au premier coup d'œil, que si Marguerite n'avait rien vu, rien au contraire n'avait échappé à madame Coulois. Mais elle me parut être bien tranquille; elle était certaine que rien n'arriverait ou ne serait dit à sa fille, sans qu'elle en fût immédiatement instruite.

..... Deux jours après je remarquai que Mlle Marguerite évitait de s'éloigner de sa mère.

Il n'y avait dans cette action rien d'affecté, rien même qui pût-être remarqué par des yeux moins intéressés que les miens à suivre toutes les péripéties de ces petites scènes.

Je compris que M. Oscar s'était un peu trop avancé auprès de cette jeune fille qu'il ne regardait pas comme une femme possible pour lui, parce qu'elle était sans fortune, et que Marguerite avait tout dit à sa mère.

— Une jeune fille, me dit madame Balmier avec qui je causais de ces choses, qu'elle avait elle-même remarquées, ne sera jamais compromise chaque fois que son amie intime et sa confidente sera sa mère.

Mais aussi quelle mère que madame Coulois ! Jamais elle n'a un front sévère ou une parole irritée pour sa fille ! Plus elle a le pouvoir de blâmer ou de punir, et plus elle comprend combien elle doit être indulgente. Aussi, pas un élan n'est arrêté dans ce cœur naïf et jeune, qui livre toutes ses impressions à l'expérience maternelle. — Malheureusement, et peut-être heureusement pour nos observations, nous avons encore ici un contraste frappant avec la fille de madame Coulois. Ce contraste a pour nom Catherine, et pour position sociale le titre de filleule et pupille d'un vieux colonel, qui se trouve aussi en villégiature avec nous chez madame Danson. Catherine est peut-être plus jolie que Marguerite, et certainement ses toilettes sont plus riches et plus élégantes que celles de sa modeste compagne; mais la première a cette élégance tapageuse qui ne cherche qu'à attirer les regards; l'autre a l'élégance de bon goût qui attire et captive presque toujours le cœur. Catherine quête l'admiration; Marguerite demande de l'affection.

A table, où les jeunes filles n'ont aucune place déterminée, l'une est bruyante, appelle les domestiques, qu'elle détourne même quelquefois du service rendu à un autre convive; tandis que la seconde ne cherche en rien à attirer sur elle les regards et l'attention, et souvent je remarque qu'elle se sert elle-même, ou attend patiemment son tour, plutôt que de déranger un serviteur déjà occupé.

Nous sommes à la campagne, où l'abondance est beaucoup plus grande qu'à Paris, et les premiers fruits, les légumes de primeur nous sont offerts d'une façon si large et si hospitalière, qu'il nous semble nager au milieu de tous les luxes de la gastronomie; mais cela n'empêche pas de remarquer que l'ordre le plus parfait règne en toutes choses dans la maison de madame Danson.

Je sais qu'aucun gaspillage n'y est toléré, pas plus à l'office et à la cuisine que dans tous les autres détails du service et cela donne à tous un bien-être que l'on n'éprouve jamais au milieu d'une mauvaise direction.

Nos chambres, car madame Balmier et moi avons chacune la nôtre, dans le même couloir, sont pourvues de tout ce qui peut nous être utile ou agréable.

Et je sens que l'on ne peut et que l'on ne doit inviter et recevoir qu'ainsi.

La mienne ouvre sur un jardin, dont les arbres verts forment un rideau devant mes croisées ; et mon plus grand bonheur, dès que je suis éveillée, est de courir à l'une de ces croisées pour respirer l'air qui a passé au travers du feuillage, et entendre gazouiller les oiseaux qui, eux aussi, célèbrent leur joie de se sentir vivre.

Il n'y a là que le luxe donné par la nature ; mais ici nous l'avons tout entier, parce que notre chère hôtesse sent que c'est le seul que nous soyions en droit de lui demander.

Le parquet n'est point, comme à la ville, recouvert de tapis moelleux et chauds, qui seraient plutôt une gêne qu'un agrément, mais il est soigneusement et brillamment ciré, avec ce luxe de propreté qui sait toujours charmer les gens qui en ont pris l'habitude.

Une descente de lit, une grande natte, placée devant la table de toilette, et un petit tapis devant la cheminée, sont les seuls habillements du parquet. Aux croisées, des rideaux d'étamine rose et bleue donnent un air d'incomparable gaieté à notre home. La cheminée, en marbre, a pour décor une grande corbeille remplie de fleurs, que l'on enlève chaque soir, des porte-bougies et quelques figures en biscuit admirablement choisies. Un petit cabinet de toilette, dans lequel ont été placées les malles, contient une grande armoire porte-manteau, deux sièges et une table de toilette garnie de tout ce qui peut être nécessaire à une visiteuse raisonnable.

C'est-à-dire : verre d'eau, sucre, cuillère à pilon, fleur d'oranger, savon, poudre de riz, eau de Lubin, brosses, etc., etc. Enfin, tous les accessoires nécessaires à la toilette.

Dans la chambre, une armoire à glace, un secrétaire et deux confortables fauteuils complètent un ensemble qui donne à l'hospitalité ainsi offerte tout le charme et le bien-être le mieux entendus.

. . . .

Le temps est magnifique, depuis que nous sommes à la campagne, et nous en profitons pour faire de nombreuses promenades et excursions aux environs et dans tous les pays d'alentour. Le soir, quelques voisins de campagne se joignent à nous ; et, la bonne volonté de tous aidant, on passe le temps d'une façon charmante. On fait de la musique, on joue aux petits jeux, aux charades surtout, tandis que les personnes âgées, réfugiées devant la cheminée où l'on a fait du feu, font une partie de whist.

Il faut prendre garde, lorsque l'on joue aux petits jeux, et surtout aux charades, de laisser trop de prise à la vanité et de montrer trop d'amour-propre. Ce sont choses dont je me suis très aperçue ces derniers soirs en regardant le jeu de M. Oscar et de mademoiselle Catherine. Quelle prétention ! Quel désir de se faire remarquer et admirer, dans ces petites scènes qui, il me semble, ne devraient être jouées qu'avec simplicité, et pour s'amuser, autant que pour amuser les autres.

Mademoiselle Catherine accapare à son profit, sans se préoccuper des autres le moins du monde, les rôles qui peuvent le plus faire valoir et briller celles qui les jouent.

Elle trouve toujours le moyen de faire les reines et les grandes dames, afin de faire des toilettes superbes et de se mettre des couronnes sur la tête. Mais, qu'elle ne s'y trompe pas trop, Marguerite Coulois, avec son petit air simple et ses bavettes de cuisinière ou de femme de chambre, costumes et rôles qu'elle accepte toujours de bonne grâce, est tout aussi appréciée, et à coup sûr plus aimée que sa brillante partenaire. Les journées se passent en promenades à pied, à cheval ou en voiture. Rien n'est imposé à personne; et, lorsqu'une dame, fatiguée ou peu disposée à affronter la marche ou le grand air, désire rester au salon ou dans sa chambre, nul n'a l'air de le trouver extraordinaire ou même de le remarquer d'une façon malveillante.

Du reste, il est de meilleur goût de se montrer

toujours disposé à suivre la tendance générale, surtout lorsque l'on est aussi peu nombreux que nous le sommes ici en ce moment. On doit comprendre que les maîtres de maison qui reçoivent seraient fort embarrassés pour distraire tout le monde, si chacun avait des goûts et des aspirations différents pour se récréer.

Catherine ne semble point connaître cette maxime ; mais comme Marguerite au contraire la devine, et sait se mettre à la disposition de ceux qui ont besoin d'elle !

Hier matin, comme le déjeuner s'achevait, on vint prévenir madame Danson que la femme d'un de ses fermiers, en travaillant dans un champ, était si malheureusement tombée, que l'on croyait bien qu'elle avait dû se casser la jambe.

— L'on est allé prévenir bien vite un médecin ? demanda la vieille dame.

— Pas encore, madame, répondit le garçon que l'on avait envoyé ; mais la Mariette a été emportée chez elle, où on l'a bien vite étendue sur son lit, et j'ai été expédié ici avant qu'on fasse rien, dans la peur de se tromper, parce que l'on croit, bien sûr, que la sorcière y est pour quelque chose, et que madame est peut-être plus puissante que la sorcière.

Je regardai, à ces mots, madame Balmier avec étonnement.

— Qu'est-ce que c'est que cela, la sorcière ?

semblai-je lui demander, et quel rapport cela peut-il avoir avec une jambe cassée?

Madame Balmier me répondit par un sourire :

— Je vous raconterai cela en route, ajouta-t-elle en se levant de table, car je pense bien que vous m'accompagnerez dans la visite que nous allons faire à cette pauvre Mariette.

— Allons, qui m'aime me suive ! dit-elle presque gaiement.

— Mais vous ignorez, chère madame, que Mariette demeure à quatre kilomètres d'ici, qu'il fait un soleil à rôtir des œufs, et que la voiture qui pourrait vous conduire est partie pour la gare et ne sera pas ici avant deux ou trois heures.

— Bah ! que nous importe ! répondit madame Coulois. N'avons-nous pas nos chapeaux, nos ombrelles, et nos jambes ?

— Ah ! maman, tu resteras ici ! s'écria vivement Marguerite. Si la course est longue et fatigante avec cette chaleur, c'est à nous, qui sommes jeunes, à aller soigner la pauvre estropiée. Allons, mademoiselle Catherine, êtes-vous des nôtres ?

— Comment, vous êtes si peu soucieuse de votre teint que vous allez ainsi vous brûler la figure ? demanda la jeune fille interpellée.

Nous ne donnâmes pas à Marguerite le temps de répondre, car madame Balmier et moi, la saisissant par la main, nous prîmes vivement congé des déjeuneurs ; et, après nous être munies de tout ce qui pouvait nous être nécessaire pour soigner et réconforter la malade, nous nous mîmes promptement en route, malgré les trop chauds rayons de soleil.

Le jeune paysan qui nous escortait portait aussi toutes les provisions que nous emportions avec nous. La maison où nous arrivâmes était pauvre ; et, quoiqu'elle fût égayée par de la verdure et du soleil, il nous fut impossible de nous défendre d'un vif sentiment de pitié pour la pauvre femme que nous allions soigner.

Bien que j'en aie grand désir, je n'entrerai dans aucun détail sur notre visite à Mariette. Je dirai seulement qu'il nous fallut lutter longtemps pour pouvoir, avant l'arrivée du médecin que nous avions envoyé chercher, apporter quelque secours à la malade, qui persistait toujours à croire qu'on lui avait jeté un sort. Et grâces à Mme Balmier je savais maintenant ce que cela voulait dire.

Enfin, nous réussîmes à mettre dans l'eau fraîche le membre malade, en lui faisant ensuite des douches avec une éponge. Une légère crise de nerfs, un évanouissement, combattus aussi par nous, donnèrent au médecin le temps d'arriver. Nous avions amélioré la situation, soigné les enfants, consolé et réconforté le mari, et presque fait comprendre à tous qu'il n'y avait là qu'un accident ordinaire qui aurait pu devenir très fâcheux si l'on avait eu recours aux sorciers et aux rebouteux, au lieu d'avoir recours à la science véritable. Ce que nous avions fait était bien et bon au moral et au physique, et lorsque la voiture de madame Danson arriva, Mariette, quoique condamnée à plusieurs jours de repos forcé, était consolée, et surtout heureuse de la promesse que nous lui fîmes de revenir la voir. Et je vous assure que le teint de Marguerite, quoiqu'il ait été bruni ce jour-là par le soleil, n'a rien perdu de sa beauté aux yeux de tous ses amis. Il y avait quelques jours que cette petite scène s'était passée, lorsque nous crûmes, un matin, apercevoir un léger nuage sur le visage de notre vieille hôtesse. Elle était toujours si maîtresse d'elle-même pour ne se montrer que gracieuse et aimable envers ses invités, que cela sembla nous indiquer qu'il y avait quelque menace dans l'air.

Hélas! la menace n'était que trop réelle.

La cuisinière de madame Danson venait de lui annoncer qu'une affaire des plus urgentes l'appelait à l'instant même dans sa famille et qu'elle était obligée de partir le soir même.

Il faut avoir quinze personnes à qui on doit le bien-être de la table et tout le confort auquel madame Danson nous a habitués, pour se faire une idée de la contrariété que dut éprouver notre hôtesse. Nous étions dans une campagne éloignée de la ville la plus prochaine, et personne ne pouvait remplacer la malencontreuse cuisinière.

Tout le monde était réuni dans le salon, au moment où nous fîmes cette triste découverte. Je vis alors un coup d'œil furtif s'échanger entre madame Coulois et madame Balmier, que leur conformité de pensées et d'actions avait nécessairement mises en intimité. Sans rien dire, et sans affectation, ces deux dames se levèrent et, faisant seulement un léger signe à madame Danson, elles sortirent du salon l'une après l'autre.

A l'heure ordinaire, le domestique vint nous avertir que le dîner était servi. Quel dîner allait nous être offert ? J'avoue que j'en étais fort peu préoccupée, et que j'étais disposée à manger de bon appétit la soupe aux choux et au lard que la fermière avait pu nous préparer.

Quel ne fut pas notre étonnement lorsque nous nous trouvâmes en présence du plus succulent repas qui nous eût été encore offert depuis notre installation chez madame Danson ! Quelques sourires en dessous et l'air révélateur qui nous dénonçait les coupables, ne tarda pas à nous faire comprendre que nous devions notre excellent dîner à la science culinaire de nos deux amies, dont l'absence avait été à peine remarquée.

— La conclusion que nous devons tirer de cette petite histoire, s'écria le vieux colonel en regardant Catherine avec un peu de malice, est.... que toutes les femmes devraient savoir faire la cuisine ! Et si jamais je suis chargé de l'éducation d'une jeune fille, je lui apprendrai que le premier devoir du savoir-vivre est de pouvoir remédier toujours à ce qui peut nous manquer... —Ce soir-là, mesdames Coulois et Balmier devinrent de véritables héroïnes, et elles n'eurent aucun regret, je vous l'assure, de s'être un peu sali le bout des doigts.

Mais, toute fête doit avoir une fin, et le moment du départ approchait rapidement. Si j'eusse été seule, je me serais trouvée embarrassée sur bien des points, dont le plus important était la manière dont on doit se conduire avec les domestiques, dans une maison aussi hospitalière que celle que nous allions quitter ; mais l'inépuisable bonté de madame Balmier allait, pour cela, venir encore à mon secours.

Ma question la fit sourire. — Que feriez-vous dans votre pays en semblable circonstance ? me demanda-t-elle. — Oh ! chez nous, le pourboire, même pour les services rendus, est chose absolument ignorée ; et, si l'on se trouve dans une maison étrangère, on reçoit les services des serviteurs comme chose si absolument due, que l'on ne s'occupe même pas d'eux. Ici, je le sais, cela doit être tout à fait différent ; mais je ne sais dans quelle mesure cela doit être.

— Il est un peu dans nos usages, dit madame Balmier, de témoigner sa reconnaissance de la bonne réception des maîtres en se montrant généreux avec les domestiques. Certes les maît. es ne doivent jamais savoir et ne savent pas ce que vous avez fait pour leurs serviteurs; mais ils s'aperçoivent à leur air satisfait que leurs invités se sont montrés convenables envers ceux qui leur ont rendu des services.

Il est donc urgent de ne pas laisser les personnes qui vous ont reçus exposées à la mauvaise humeur de serviteurs mal récompensés. J'ai même connu des maîtresses de maison qui, devant ce petit désagrément, ont été obligées de remédier elles-mêmes au manque de générosité de certains visiteurs. Vous comprenez combien, lorsque l'on se respecte, on doit éviter de semblables conséquences.

— Mais, lorsque les domestiques sont nombreux, est-il nécessaire de donner à tous, ou seulement à ceux dont nous avons reçu directement les services? — Directement ou indirectement, vous avez reçu des services de tous. Vous ne connaissez pas la cuisinière; mais vous êtes cause qu'elle a passé des nuits; vous n'avez pas parlé au jardinier; mais il a dû se lever matin pour remplir les jardinières dont vous respirez les parfums; et les aides de cuisine ont eu aussi leur part dans le travail augmenté de la maison. Il me paraît donc convenable et pratique que vous donniez au domestique, homme ou femme, le plus en vue et le plus à votre portée, une somme assez importante pour être partagée entre tous, en priant de faire ce partage la personne à laquelle vous la remettrez.

Les maîtres doivent paraître ignorer absolument ce que vous faites à cet égard, et il serait aussi malséant à eux de vous en parler, qu'à vous de le leur faire connaître. — Je m'aperçois qu'en France on est fort généreux pour ce que vous appelez les pourboires; mais nous avons souvent omis, nous étrangers, d'y songer dans les circonstances où ils sont nécessaires.

— Nécessaires ; ils ne devraient pas l'être, répondit madame Balmier; mais ils sont dans nos usages, et nous ne pouvons nous en écarter. On donne une gratification, le jour de l'an, aux domestiques des maisons où l'on est reçu souvent à dîner pendant l'année ; il ne me paraît pas convenable, comme je l'ai vu faire à quelques personnes, de faire cette même générosité aux serviteurs en sortant de table, dans une maison où l'on n'a dîné qu'une fois.

Cela semble assimiler cette maison à un restaurant. Mais, si vous avez couché et séjourné dans cette maison, si vous avez spécialement employé les domestiques à votre service, il serait mal de ne pas les en récompenser généreusement.

On donne un pourboire au garçon de café, ne vous eût-il servi qu'un verre d'eau sucrée, au restaurant, et surtout au cocher, lorsque l'on a employé sa voiture. Pour une course simple et courte, le pourboire est ordinairement de vingt-cinq centimes. Le soir si la course est longue, il peut être de quarante ou cinquante centimes

Lorsque vous prenez une voiture à l'heure, calculez le pourboire sur vingt centimes pour l'heure, surtout si vous gardez longtemps la voiture. Il y a mille autres circonstances où la nécessité d'un don quelconque à une personne que l'on a employée sans qu'elle soit particulièrement à notre service, s'impose à notre générosité, et il serait difficile de les expliquer toutes ; mais, règle générale, tout en évitant autant que possible l'exploitation, soyez toujours libérale, suivant votre position, avec les personnes peu fortunées dont vous avez employé le temps et le travail. Voulez-vous, puisque nous sommes libres, que nous montions dans nos chambres pour nos préparatifs de départ ?

Au moment où nous mettions le pied sur la première marche de l'escalier, M. Oscar s'y présentait en même temps ; et, se croyant très poli, il se retira pour nous laisser passer. Madame Balmier s'arrêta et, avec une sorte d'autorité que je ne lui connaissais pas : — Nous ne passerons pas avant vous, dit-elle. Et comme M. Oscar se refusait, lui aussi, à monter le premier, madame Balmier le prit par la main ; et, avec le plus charmant sourire :
— Mais vous ne savez donc pas, lui dit elle en riant, que, lors d'une ascension, les hommes doi-

vent toujours précéder les femmes? Et comme le jeune homme la regardait tout ébahi, elle ajouta:
— Soyez tranquille, lorsque nous descendrons, ce sera tout l'opposé, et nous vous prierons de rester derrière.

Comme nous devions partir aussitôt après le déjeuner, Madame Danson avait donné l'ordre d'avancer un peu celuici, afin que nous ne manquions pas le chemin de fer.

On apporta donc des plats préparés un peu plus hâtivement que ceux que l'on nous servait d'ordinaire.

Le premier fut représenté par des œufs à la coque, mets très apprécié par les Parisiens qui en sont, paraît-il, très friands. Aussitôt les œufs mangés, je remarquai, à mon grand étonnement que tout le monde en écrasait les coquilles sur son assiette. Evidemment ce n'était point l'effet du hasard seul qui amenait ce résultat.

Madame Balmier sourit, comme elle le fait toujours devant nos ahurissements. — Oui, me dit-elle tout bas, vous avez raison, ce n'est point l'effet du hasard qui fait que tout le monde écrase la coquille de l'œuf à la coque; c'est une habitude reçue dans nos mœurs; habitude dont peu de gens connaissent l'origine ou la raison d'être; mais que je vais vous expliquer, moi, comme je la comprends. Pour être mangés à la coque, les œufs doivent être d'une fraîcheur extrême, fraîcheur que, à Paris, surtout on n'obtient avec certitude qu'en les payant un prix très élevé. Or, il peut arriver quelquefois que, soit par négligence ou par un motif d'économie mal entendue, les œufs manquent de la fraîcheur nécessaire et sont, pour cela, abandonnés sur l'assiette.

En les mangeant, on fait l'éloge de l'œuf, et en même temps un compliment à la maîtresse de la maison, ce qui est exprimé par la coquille cassée et vide.

— Oh! comme le vrai savoir-vivre part toujours du cœur! m'écriai-je avec une sorte d'admiration, devant l'explication qui venait de m'être donnée.

Cela me conduisit, pendant que les autres mangeaient, à examiner certaines habitudes, sur lesquelles je me réservais de faire quelques questions rétrospectives, puisqu'il nous fallait partir.

Par exemple, je remarquai que jamais on ne coupe son pain dans ce pays-ci; on le rompt, ce qui, je pense l'avoir trouvé toute seule, doit prouver que le pain est frais, comme l'œuf, le pain rassis ne pouvant être aussi facilement rompu..... Il me sembla aussi voir errer un sourire sur les lèvres moqueuses de mademoiselle Catherine, lorsqu'elle s'aperçut qu'un vieux monsieur de la campagne, qui déjeunait par hasard avec nous ce jour-là, buvait son café dans sa soucoupe, au lieu de le boire dans la tasse, ce que font les gens qui visent au savoir-vivre. Ce sont là choses bien petites, assurément; mais presque tout est convention dans le monde. Connaissons donc ces conventions, et observons-les, si nous pouvons.

Enfin, nous avons fait nos adieux à notre charmante hôtesse, et, accompagnées de nouveau à la gare par la grande calèche et le vieux domestique, nous avons repris la route de Paris.

Au bon vieux cocher, je sentais que je devais une gratification particulière, que je ne manquai pas de lui octroyer aussi largement que possible, ce dont il me témoigna une reconnaissance dont je suis encore touchée. Celui-là avait été un fidèle compagnon et presque un vieil ami pour nous pendant nos deux voyages d'aller et de retour.

Nous ne devions pas faire la route tout d'un trait, cette fois, et j'avais demandé à madame Balmier de nous arrêter dans la ville de Chartres que je désirais visiter.

Nous descendîmes dans un fort bon hôtel, ce qui m'amusait beaucoup, comme complément de voyage. Aussi demandai-je à dîner à table d'hôte, afin d'en connaître un peu les habitudes.

Nous rentrions de promenade, au moment où l'on vint nous avertir que le dîner était servi, et je me disposais à monter chez moi pour ôter mon chapeau, lorsque madame Balmier me fit observer qu'il était plus convenable de le garder sur la tête.

— Une table d'hôte est un lieu public, me dit-elle, et une femme ne doit pas y agir comme elle le ferait chez elle. En conservant son chapeau, elle semble dire qu'elle n'est là qu'en passant, et qu'elle désire être considérée comme telle, sans rechercher l'intimité que peut quelquefois autoriser un voisinage qu'elle n'a point choisi et qui lui est imposé par le hasard.

Il n'en est cependant pas de même aux bains de mer ou dans les villes d'eaux, où l'on est habitante de l'hôtel. Là, on est chez soi pour longtemps, et il serait gênant d'observer l'obligation d'être coiffée : on est donc libre dans ces circonstances d'agir à sa guise. C'est du reste un sujet sur lequel nous reviendrons à un article spécial des bains de mer.

Ce que je dirai d'une façon générale, et toujours en suivant l'avis de madame Balmier, c'est qu'il faut, lorsque l'on est hors de chez soi et de son monde, éviter tout ce qui peut faire remarquer ou attirer une attention malveillante.

XV

UNE NAISSANCE ET UN BAPTÊME

Comment on choisit le parrain et la marraine ; les cadeaux à faire. — Les noms de baptême. — Lettres de faire part.

..... J'étais un peu fatiguée, après mon retour de la campagne ; et, avant de repartir pour les bains de mer, dont la perspective s'offrait pour moi dans un prochain avenir, je désirais attendre la prochaine délivrance de ma jeune amie Thérèse, qui devait m'offrir tant de nouvelles choses à apprendre.

Thérèse, quoique d'une apparence assez frêle, grâces à ces précautions hygiéniques, qui devaient faire d'elle une femme forte, ne s'est ni enfermée chez elle ni dorlotée outre mesure, pendant qu'elle espérait son heureuse maternité.

Au contraire, plus que jamais elle est sortie, a marché, a vécu au grand air ; et elle vient de donner naissance à un charmant petit André, dont la grand'mère va, tout naturellement, être la marraine.

Par un sentiment de convenances, tout à fait parti du cœur, la mère de Thérèse, connaissant l'isolement, et surtout le dévouement de la sœur de son gendre, avait été d'avis qu'on offrît à la vieille fille ce titre de marraine, qui souvent flatte autant la vanité qu'il réchauffe le cœur. Mais la vieille demoiselle a refusé cet honneur qu'elle acceptera peut-être, plus tard, a-t-elle dit, si la femme de son frère a le bonheur d'avoir un second enfant. Le parrain sera un oncle du père, vieillard sexagénaire, dont on ne convoite certes pas l'héritage, mais auquel on est heureux de témoigner de la déférence. Le baptême n'aura lieu que lorsque la jeune mère sera assez bien pour se lever, accompagner elle-même son enfant, et recevoir les invités, qu'elle se propose d'avoir elle-même à sa table ce jour-là. Dans quelques familles, on n'agit pas ainsi; et, sans attendre que la mère y puisse jouer son rôle, on baptise l'enfant avant même que celle-ci puisse sortir de son lit.

Mais je parle du baptême, tel qu'il a eu lieu chez notre jeune amie.

La marraine, à moins qu'elle ne soit tout à fait étrangère, et veuille tout simplement se débarrasser d'une cérémonie ennuyeuse, doit donner tout le costume de baptême à son nouveau filleul.

Ce costume consiste en une robe, que l'on a l'habitude de faire longue, ou une pelisse blanche et un bonnet.

Il va sans dire que l'élégance de ce costume est tout à fait facultative et que, selon la position de la famille de l'enfant, et non celle de la marraine, il sera ou tout garni de dentelles et de riches broderies, ou simplement ourlé et festonné, avec une simplicité qui ne pourra que plaire à la jeune mère qui doit en parer son enfant.

La marraine, lorsque cela lui est possible, devra aussi donner un petit couvert en argent, et une timbale de même métal à son filleul. Je parle là d'usages qui, paraît-il, ont force de loi parce qu'ils sont passés dans les mœurs, mais qui peuvent être modifiés, avec un peu d'indépendance dans le caractère. Et l'éternelle timbale ou le petit couvert peuvent être remplacés par quelque petit meuble à l'usage de l'enfant, si l'on pense qu'un autre cadeau puisse être plus utile ou plus agréable. En ce genre on peut citer une barcelonnette, une corbeille Moïse, un lavabo baby, si commode et si hygiénique, que toutes les jeunes mamans en raffolent.

Du reste, je m'aperçois aussi qu'il est d'usage assez général que, à la naissance d'un premier enfant, tous les parents et amis de la famille envoient un cadeau à ce petit être si désiré, et attendu avec une si fiévreuse et radieuse impatience.

Et, jeunes sœurs ou jeunes amies, vieilles grand'mères ou tantes à lunettes, travaillent à qui mieux mieux pour fabriquer au mignon qui va paraître dans la vie, des couvertures de berceau, des rideaux brodés et des coussins en piqué, des petites bottines tricotées ou des brassières merveilleusement brodées, qui, bien plus que l'inconscient bébé, feront la jeune mère heureuse de les serrer avec amour dans les tiroirs de commode, préparés pour recevoir le trousseau de ce petit tyran qui va venir.

Aussi, comme tout ce qui lui est destiné est frais, joli, coquet, attaché de rubans roses ou bleus, suivant le sexe de l'enfant! C'est vous dire que les rubans ne sont attachés que lorsque le chérubin a fait son apparition. Ils seront bleus si c'est un garçon, et roses si l'on a vu les cheveux blonds et bouclés d'une fillette. Mais le trousseau, préparé à l'avance, et auquel la jeune mère a toujours voulu travailler elle-même, a la même simplicité charmante, qu'il soit fait pour un futur porteur de barbe, ou pour une rêveuse de l'avenir.

Il ne suffisait pas de me dire : telle personne sera le parrain, et telle autre sera la marraine ; je voulais encore savoir pourquoi ce parrain et cette marraine avaient été choisis entre tous; et voici ce que madame Balmier, questionnée, m'a dit à cet égard :

« Il est d'usage, lorsqu'un enfant naît, de choisir les grands-parents paternels et maternels pour en être le parrain et la marraine. Cette habitude n'est peut-être pas bonne, puisque le parrain et la marraine, étant destinés à servir de soutiens et de guides à l'enfant, à défaut des parents, ils devraient être choisis jeunes, afin de pouvoir effectivement et efficacement remplir ce rôle; mais ce n'est pas ainsi que nous agissons. La mère de la jeune femme et le père du jeune papa sont en général, et à moins de raisons contraires, le parrain et la marraine du premier enfant qui naît dans une famille.

L'ordre inverse peut être aussi bien suivi, si quelque raison particulière le détermine. Faute du père ou de la mère, les plus proches parents, parmi les ascendants, sont toujours choisis pour le premier, et même pour le second enfant.

Les jeunes parentes attendent avec impatience l'apparition d'un troisième baby, pour arriver, à leur tour, à l'honneur d'être marraine.

— Chez nous, où le formalisme a moins force de loi qu'en France, nous ferions le contraire, et nous penserions que, puisque le parrain et la marraine acceptent en quelque sorte une seconde paternité et maternité envers l'enfant, qu'ils promettent de protéger, on doit commencer par les jeunes, afin de pouvoir, en cas de besoin, remplacer le père et la mère. Dans beaucoup de familles, celles par exemple qui sont peu aisées ou qui peuvent avoir besoin, plus tard, d'une protection pour leur enfant, on préfère donner pour parrain et marraine à celui-ci des personnes riches ou haut placées, afin de lui assurer ainsi leur bienveillance et leur protection.

Mais, avant de s'adresser ainsi à des personnes, quelquefois tout à fait étrangères, ou au moins indifférentes, il faut être à peu près certain que l'on n'essuiera pas un refus. Et, dans ce cas-là, si l'on est disposé à s'y exposer quand même, il ne faut à aucun prix courir le risque d'y exposer celui des deux, parrain ou marraine, qui, interpellé le premier, aurait déjà accepté. On évitera cet écueil en s'adressant, tout d'abord, à celui des deux dont l'acceptation peut paraître douteuse. S'il refuse, le second n'aura pas le chagrin de penser que c'est peut-être à cause de lui que le premier a refusé l'honneur qui lui était offert.

Deux ou trois jours avant le baptême, la marraine enverra à son filleul, et à la jeune mère, les cadeaux dont nous avons parlé plus haut, et le parrain offrira à la marraine quelques légers présents tels que : éventail, boîte à gants, devant en contenir au moins six paires et plus ; riche bouquet, bibelots de prix, etc., etc. Non tous ces présents, bien entendu, mais l'un d'eux au moins.

Il est tenu aussi à envoyer à la jeune mère un cadeau du même genre, et une quantité de boîtes de bonbons assez considérable pour que la marraine, à qui la jeune mère en remettra une assez grande partie, en puisse, comme la mère, offrir une à tous ses amis.

Ces boîtes, de diverses dimensions, sont toutes préparées chez les confiseurs, et portent dessus le nom de l'enfant. Elles sont bleues pour les petits garçons et roses pour les petites filles. Si le parrain, pour quelque raison que ce soit, ne se montre pas assez généreux dans la quantité des boîtes offertes, le père de l'enfant doit y suppléer, afin de ne pas tromper l'attente des personnes (amies ou relations à qui l'on ne veut pas déplaire), auxquelles il est d'usage de remettre une boîte de bonbons. Tout le monde sait, en France, que le bonbon particulier aux baptêmes est presque toujours la dragée.

Originairement, c'étaient le parrain et la marraine qui choisissaient le nom donné à l'enfant ; et, le plus souvent, c'était le leur propre qu'ils devaient lui transmettre ; le parrain pour le petit garçon, la marraine pour la petite fille.

Il n'en est plus de même aujourd'hui, et il est bien rare que le nom de l'enfant ne soit pas choisi, et déjà donné, avant même que soient désignés le parrain et la marraine.

Il y a tant de raisons qui peuvent déterminer le choix d'un nom de baptême !

Le désir de conserver un souvenir, l'attrait d'un nom nouveau que l'on aime, la flatterie que l'on veut faire à une personne qui a rendu quelque service, etc., font qu'on ne laisse plus le choix à la marraine.

— Vos noms de baptême sont, en général, très jolis, dis-je à madame Balmier, qui me transmettait tous ces détails ; j'en ai cependant remarqué quelques-uns qui me paraissent très ridicules. Pourquoi donner à une petite fille, dont on ne connaît ni l'avenir ni le genre de beauté, des noms de fleurs, comme Violette, Rose ou Églantine? Ou de couleur comme Blanche, ou d'étoile, comme Stella? Ne craint on pas de leur créer des ennuis pour leur vieillesse ou leur âge mûr?

Règle générale, ne vaut-il pas mieux éviter les noms qui peuvent avoir une signification quelconque, dans la crainte de tomber à faux pour l'avenir?

— Vous êtes absolument juste dans vos réflexions, répondit madame Balmier, et vous n'avez pas besoin d'être née Parisienne, ou même Française pour deviner ce qui est bon et vrai, et en cela, comme en toutes choses, ce qui est simple est toujours certain de n'être pas ridicule. Ne cherchez donc aucun nom prétentieux, et pouvant attirer l'attention sur celui et plus encore sur celle qui le porte, et vous serez sûrs d'avoir bien choisi.

— Est-ce que les obligations du parrain et de la marraine sont tout à fait terminées par ce que vous m'avez dit? demandai-je.

— Non, pas encore : le rôle du parrain surtout est toujours assez dispendieux dans les baptêmes chrétiens. Il doit, à l'église, donner une pièce assez large aux gens, bedeau, sacristain, suisse, qui y jouent un rôle d'autant plus important que la famille de l'enfant paraît être riche; de plus, il ne faut pas oublier de donner une pièce à la nourrice, s'il n'est pas nourri par sa mère, ou à la femme qui porte l'enfant à l'église. Après?... Après, il n'a plus qu'à se rendre, avec la marraine, au dîner qui leur est ordinairement offert, à eux et à quelques amis et membres de la famille, par le père et la mère de l'enfant baptisé.

Si la marraine est une jeune fille ou si elle est complètement étrangère au parrain, là se bornent en général toutes les fêtes et les relations nées du baptême. Si la marraine est, au contraire, une femme mariée, et en position de recevoir, elle fera œuvre d'urbanité et de savoir-vivre en invitant, quelques jours après le baptême, le parrain et le père et la mère de l'enfant à un dîner intime.

Elle remerciera ainsi les uns et les autres, et de l'honneur qui lui a été fait, et des légers cadeaux qu'elle a reçus du parrain.

— Voyons, en avons-nous fini à propos de tout ce qui concerne une naissance et un baptême?

— Ah! mais non!.. N'est-il pas d'usage chez vous d'envoyer, comme pour un mariage ou un décès, une lettre de faire part de la naissance d'un enfant, et n'y a-t-il pas des formules particulières pour ce genre de lettres?

— Sans doute, et la formule existant jusqu'à aujourd'hui, était ainsi conçue :

« Monsieur et Madame X. ont l'honneur de vous faire part de la naissance de leur fils, ou de leur fille. (Ici suit le nom de baptême donné à l'enfant.) Mais, depuis quelque temps, il s'est introduit une innovation que je trouve charmante, et qui, toute fantaisiste qu'elle semble être, a grande chance d'être acceptée par tous ceux qui aiment la nouveauté et un peu aussi ce qui sort de la banalité.

— Et cela consiste ?

— Cela consiste tout simplement en ce que, au lieu du père et de la mère c'est l'enfant lui-même qui, tout heureux d'être au monde, vient, avec tout l'élan de son jeune âge, en faire part aux amis de sa famille. La lettre peut être ainsi conçue :

« Mademoiselle Marcelle X... a le plaisir de vous faire part de sa naissance. Sa petite mère et elle se portent très bien et vous envoient leurs amitiés. »
— Cette formule, toute intime et toute charmante, donne de suite le désir de faire la connaissance de mademoiselle Marcelle, et la voilà qui, d'emblée, compte pour quelque chose dans le monde.

Pour les personnes un peu rigides et collet monté et qui conservent les anciens usages auxquels elles tiennent quand même, on peut supprimer la seconde phrase de la lettre, et s'arrêter à la première.

Il est tout à fait de mode, en ce moment, de donner une apparence héraldique à toutes les lettres de faire part, et particulièrement à celles qui annoncent une naissance. Donc, vieux papier déchiqueté, écussons, vieux français, sont reçus et recherchés, non seulement comme de la nouveauté, mais aussi comme une preuve de savoir-vivre, puisque l'on cherche à revivre dans le temps passé. — Ces lettres doivent être envoyées toujours dans le premier mois qui suit la naissance.

Et, puisque nous parlons du temps passé, je dois vous parler de la formule employée au temps jadis par les grands seigneurs en semblable circonstance, où la lettre de faire part était ainsi conçue :

« Madame la marquise ou la duchesse de..... est accouchée d'une fille, et monsieur le marquis a l'honneur de vous en faire part. »

Avis à ceux qui aiment les anciennes coutumes et leur dignité un peu prétentieuse.

XVI

LES VILLES D'EAUX

Réserve. — Intimité. — Mauvaises habitudes.

Il paraît que les Parisiens, et surtout les Parisiennes, ont l'habitude de ne jamais passer l'été à Paris. Ceux qui ont des villas, des châteaux, ou même de simples maisons de campagne, partent dès le mois de mai pour aller s'y établir; mais les gens qui tiennent à être du high-life doivent revenir d'une façon absolue pour le jour du grand prix, qu'ils appellent le *Derby* pour l'anglomaniser.

Ce Derby a ordinairement lieu l'un des premiers dimanches du mois de juin.

Huit jours après, tout ce qui vise à faire partie de ce que l'on appelle *le tout Paris* mondain se croirait deshonoré si on l'apercevait encore au bois ou sur les boulevards. — Nous avons aussi nos mesquineries et nos petitesses dans notre monde asiatique; acceptons donc celles de l'Europe; et, puisque je suis venue ici pour étudier les mœurs françaises, faisons comme les françaises, et surtout les parisiennes.

J'ai prié, comme toujours, Mme Balmier de diriger mon choix et de m'accompagner dans mes pérégrinations, et nous sommes parties, mon mari ne m'abandonnant pas, pour aller à Vichy, la ville d'eaux à la mode en ce moment.

— Est-ce que je ne ferai pas quelques visites avant mon départ? demandai-je à mon amie. — Elle ne pût s'empêcher de sourire.

— Il y a dix jours que le grand prix est passé, me répondit-elle, et il y a peu de gens ayant assez d'esprit pour consentir à avoir l'air d'être encore à Paris.

Regardez les cartes de visites reçues depuis quinze jours, et vous n'irez que chez les personnes dont la carte ne portera pas le *P. P. C.* sacramentel.

Les autres sont parties ou censées parties; mais combien d'entre elles ont fait fermer les volets de leur appartement donnant sur la rue et qui, retirées dans les pièces de derrière, attendent le moment opportun pour ouvrir leurs ailes, ou même ne les ouvriront pas du tout si quelque gêne ou quelque dérangement de fortune ne leur permettent pas d'aller briller au loin, comme elles en ont l'habitude ou le désir. Nous sommes si disposés nous, français, à tout sacrifier à la vanité, que nous acceptons beaucoup plus une privation réelle que l'air d'avoir cette privation, même quand elle n'existe pas.

— Je comprends, me disait madame Balmier, qu'après un hiver rendu fatigant, soit par le travail, soit par les distractions mondaines, on éprouve le besoin d'aller prendre l'air et du mouvement à la campagne.

Mais cette obligation, que l'on se crée d'aller au loin, dans des villes d'eaux luxueuses, où l'on retrouve la vie de Paris, tout cela me semble insensé, surtout lorsque l'on entraîne des enfants à sa suite. Ceux-ci ont besoin de jeux, d'air, de mouvement; mais ils n'ont pas besoin de voyages et d'une vie de luxe et de plaisir.

Elle a raison peut-être; mais moi j'observe et je ne moralise pas.

Nous voilà donc partis pour la ville d'eaux citée tout à l'heure. Les hôtels y sont beaux et nombreux, et la ville est vraiment charmante ; mais j'y cherche en vain autre chose que ce que j'ai vu à Paris, sans en excepter le parc et les grands arbres, qui ne sont pas plus beaux que le parc Monceaux et le Luxembourg.

Je n'ai point voulu dîner à une table à part, comme me l'offrait madame Balmier, et nous nous sommes, dès le premier jour, installées à la grande table, composée de quatre-vingt-dix à cent couverts, où l'on fait mieux partie de tout le monde ; et où l'on étudie mieux les mœurs et les habitudes de tous.

Puis, vraiment, je trouvais que les gens qui posaient, en mangeant à part, avaient quelque chose de si ridicule, que je me serais bien gardée de faire comme eux.

On fait assez vite connaissance aux villes d'eaux.

Mais quoi que l'on mette dans ces relations éphémères beaucoup moins de retenue que dans les salons parisiens, on doit cependant avoir toujours une certaine réserve, nécessitée par le contact obligé avec des personnes dont on ne voudrait pas faire son monde habituel.

Cette réserve est surtout inspirée aux mères de famille ayant des jeunes filles avec elles.

Celles-ci ne devront avoir de relations un peu intimes qu'avec des personnes qui leur sont absolument connues; ce qui n'empêche pas d'avoir pour tous une politesse et une urbanité, dont on vous saura d'autant plus de gré que l'on vous verra moins disposée à livrer l'intimité de votre vie aux premiers venus. C'est surtout dans les casinos que les jeunes filles doivent observer leur conduite et rester, autant que possible, sous la direction de leur mère, ou de l'amie plus âgée qui les accompagne.

Il y a là souvent, toujours même, des femmes mal famées qui espèrent se bien poser en se mettant sous la protection de vraies femmes du monde.

Il y a là aussi des coureurs de dot, qui ne demanderaient pas mieux que de compromettre une jeune fille fortunée, pour qu'on ne puisse la leur refuser pour femme... Et, sans chercher ces choses extrêmes, ne serait-il pas excessivement désagréable, lorsque l'on est revenu dans son monde et dans sa vie habituelle, de se rencontrer dans un lieu public, et d'être reconnue et saluée par des gens à qui l'on rougirait de tendre la main ?

Il faut donc être réservée ; mais se garder d'avoir une raideur et une morgue bien souvent offensantes pour des personnes qui sont loin de les mériter.

Cependant il y a plus peut-être aux bains de mer que dans les villes d'eaux, un laisser-aller de bon aloi, que l'on ne saurait avoir à Paris. On s'y habille autrement et l'on n'y agit pas tout à fait de la même façon. Et la mère la plus sévère qui, dans les salons parisiens ne permettrait pas la plus petite infraction à la correction du plus strict savoir-vivre, sourit au contraire avec indulgence à quelques excentricités peu compromettantes, qui font partie du bagage balnéaire.

Dans certaines localités des bords de la Manche, sous prétexte de se maintenir sur les galets, on a en main des stiks (il serait mal porté de dire des bâtons), tellement élevés qu'il est évident qu'ils n'ont d'autre but que d'attirer l'attention. On s'habille d'un rouge qui rappelle les crevettes cuites ; on parie aux courses de yoles ou de chevaux ; on parle fort et l'on donne surtout un avis plus ou moins éclairé. J'ajouterai bien vite que toutes ces excentricités, lorsqu'elles sont exagérées au point que je viens de désigner ne sont jamais acceptées par les jeunes filles qui veulent rester dans la catégorie de celles qui sont bien élevées et bien posées.

Les françaises sont un peu comme les tonkinoises en voyage, elles se chargent d'une grande quantité de caisses qui sont, il me semble, plutôt une gêne qu'une utilité. Il y a ici des anglaises et des américaines, dont j'aime mieux la manière de faire. Elles ont peu de linge, et elles le font blanchir plus souvent ; elles ont peu de costumes et de robes de toilettes, et elles les portent davantage. Leur façon d'agir à cet égard me semblant plus raisonnable, c'est celle que j'adopterai dorénavant pendant mon séjour en France, et, sans vouloir donner de conseils à personne, je trouve que toutes les femmes devraient en faire autant ; on dépenserait moins en frais de voyage, et l'on utiliserait ses robes, que l'on rapporte souvent chez soi sans les avoir presque portées. Je suis certaine que tous les maris seront de mon avis.

Il y a une chose qui me froisse peut-être un peu trop dans la vie commune que l'on est obligé d'avoir dans les villes d'eaux ; c'est le sans gêne de quelques personnes qui, se trouvant chez elles à l'hôtel, y agissent tout comme si elles étaient dans leur propre demeure.

L'une de ces choses, qu'il m'est impossible de supporter sans un dégoût profond, est celle de se curer les dents à table. — Est-ce donc reçu dans votre pays ? demandai-je à madame Balmier ; cela me semble devoir être, puisque j'ai vu, dans certains restaurants, les domestiques apporter eux-mêmes des cure-dents sur la table ? — Oui, cela est reçu ; mais n'est pas accepté par les personnes qui se respectent et ont du savoir-vivre ; ce sont les garçons de restaurants qui ont eux-mêmes introduit cet usage, pour avoir un prétexte à attendre un pourboire comme récompense de la chose offerte ; mais jamais vous ne verrez une personne convenable prendre elle-même, en public, certains soins de sa personne, qui ne sont réservés que pour le cabinet de toilette. Et si vous avez un rhume qui vous oblige à éternuer, ou un dérangement d'estomac qui amène des baillements intempestifs, éternuez ou baillez de façon à ce que personne ne soit obligé de tourner la tête pour témoigner son étonnement. Et la main mise devant la bouche, obtient facilement ce résultat.

Cela nous conduit naturellement à cette réflexion que jamais, en quoique ce soit, dans un lieu public qui appartient à tout le monde, on ne doit faire quelque chose qui puisse ou gêner les autres ou leur apporter même le plus petit désagrément. La femme vraiment distinguée et bien élevée n'a aucune peine à observer ces principes, qu'elle prend pour règle de conduite dans la vie la plus intime comme dans la vie extérieure.

— J'entends souvent dire, reprit madame Balmier : « Bah ! je puis bien me permettre cela avec ma famille ! » Et l'on passe sans façon le bras devant son mari, sa femme, ses enfants, pour présenter un objet à une autre personne. On dira et l'on fera une chose que l'on jugerait inconvenante pour des étrangers, parce que l'on est en famille. — Là est le plus grand de tous les torts. Indépendamment du manque de respect ou de convenance que l'on a envers les siens, on prend l'habitude de façons mauvaises, d'un sans-gêne d'un gout plus que douteux, qui donnent ensuite un air empesé et maladroit lorsque l'on sent que l'on doit agir autrement.

Il ne faut, pour perdre de telles habitudes, que s'essayer à être toujours convenable ; ce qui, en donnant de l'aisance dans la manière d'être, rendra aussi éminemment distinguée.

XVII

LE THÉATRE

Heures d'arrivée ; façon de s'y conduire ; places à choisir. — Visites au théâtre. — Enfants. — Entr'actes, causerie. — Photographies.

Je suis allée bien souvent au théâtre depuis que j'habite Paris, dis-je un jour à madame Balmier, mais jamais avec vous, et de façon à recevoir vos observations et vos conseils sur la manière correcte de s'y conduire ! voulez-vous y venir ce soir avec moi? On joue aux Français une pièce nouvelle, et l'on vient justement de m'apporter une loge ; cela vous convient-il ? — Nous dînâmes un peu plus tôt, comme on est obligé de le faire quand on ne veut pas manquer le lever du rideau, et, à l'heure exacte, nous étions dans notre loge.

Je m'aperçus sans grand étonnement, car j'en avais déjà fait plusieurs fois la remarque, que la plupart des autres loges, surtout celles qui sont les plus élégantes et les plus en vue, étaient encore absolument vides, quoique je fusse certaine qu'elles ne le seraient pas toute la soirée.

— Pourquoi ce retard qui, d'après ce que j'ai déjà cru remarquer, me semble calculé ? demandai-je à mon amie.

— Cela tient tout simplement à cette incurable vanité humaine qui nous fait faire tant de sottises, me répondit celle-ci. Car, dût-on se priver d'un plaisir, et l'on s'en prive en ne voyant pas le commencement d'une pièce, on croit devoir arriver tard au théâtre, comme on arrive tard à une soirée. C'est un moyen, pour les gens connus, de se faire remarquer, désigner et même quelquefois désirer. Pour les femmes, elles espèrent ainsi mettre leur toilette plus en évidence et la rendre plus admirée ; mais tout cela n'est qu'une pose, jetant de la poudre aux yeux des novices ; mais rendant aussi quelquefois ridicules ceux qui ne savent pas assez la cacher. Comme avant tout, j'admire toujours la simplicité, qualité que je trouve si rare à Paris, je me déclarai absolument de l'avis de madame Balmier, et je me promis de ne pas me priver volontairement du plaisir de voir et d'entendre le commencement d'une pièce.

Le Théâtre Français, comme les théâtres lyriques, l'Opéra et l'Opéra-Comique, est un de ceux où il est nécessaire de se présenter en toilette élégante, surtout lorsqu'on assiste dans une loge, à une première représentation. Je remarquai que toutes les femmes étaient excessivement parées, moins peut-être qu'à l'Opéra, où les premières loges ne sont occupées que par des spectatrices en toilette de bal; mais les robes, peu décolletées, et peut-être avec un aspect moins éclatant, n'étaient pas moins fort élégantes. On eut dit une réception dans le high-life. — Je parle ici bien entendu des premières loges, où il n'est pas permis d'avoir une toilette négligée ; et comme il est beaucoup de femmes qui ne peuvent ou ne veulent pas se mettre ainsi en évidence, tout en ayant l'amour du théâtre, elles se mettent moins en vue en montant un peu plus haut, ou en se logeant dans une baignoire. Je trouve que, nulle part, on ne jouit mieux du spectacle, que dans ces petits recoins un peu sombres, où l'on voit tout sans être vu, sans avoir d'autre préoccupation que celle de s'amuser ou de s'intéresser à la pièce.

Autant que cela sera possible, n'allez jamais dans une loge que vous n'aurez pas louée entière, soit pour vous seule soit avec des amis ou des connaissances ; mieux vaudrait alors aller dans des fauteuils ou aux galeries. Dans une loge, dont vous n'avez qu'une partie, vous courez le risque d'abord de n'avoir que les places de derrière si vos voisins sont arrivés avant vous, et alors la position est intolérable pour une femme, ou de vous trouver avec des gens mal appris, dont la présence auprès de vous peut être compromettante.

Dans ce cas, si vous étiez obligée de partager une loge avec des inconnus, n'acceptez jamais et n'offrez jamais non plus un changement de place, vous parût-il même très agréable ou avantageux.

Vous établiriez ainsi une sorte d'intimité dont les résultats vous pourraient être quelquefois extrêmement désagréables. Il en est de même pour les jumelles de théâtre, que l'on ne doit point offrir et qu'il ne faut pas accepter d'un inconnu. Autant je vous recommande d'aménité, de souplesse, de bon vouloir pour tous dans les relations mondaines avec les gens que vous connaissez, ou qui vous sont recommandés par le couvert de la maison honorable où vous les rencontrez, autant il faut se tenir sur la réserve dans un lieu public avec des personnes absolument inconnues, dont l'intimité pourrait être compromettante.

— Vous m'avez dit, repris-je, que, lorsque l'on ne voulait pas faire une grande toilette et se mettre en vue, on pouvait monter un peu et prendre place dans une loge de deuxième ?

— Oui dans les théâtres de premier ordre, et surtout à l'Opéra, où les moindres places sont recherchées lors des grandes exhibitions d'artistes ou de pièces célèbres ; on peut, sans inconvénient pour sa réputation de gentlemanerie, se mettre un peu partout où l'on trouve place.

Il n'en serait pas de même dans les théâtres de

second ordre. Dans ceux-là, non seulement on est libre de se mettre en toilette très simple aux premières places ; mais une mise de salon très élégante, y serait, je crois, fort déplacée.

..... Il est donc, par cela même, obligatoire d'y choisir une place bien posée, comme les premières loges.

Tous les amateurs de comédie ne sont pas toujours gens bien élevés; ils sont attirés aux petits théâtres par un prix moins élevé que dans les grands, et l'on courrait le risque, en se mêlant un peu trop à la foule, de n'y pas rencontrer toujours l'urbanité que l'on est disposé à avoir soi-même. Il y a cependant quelquefois des scènes bien amusantes chez ces très bonnes gens, qui ne visent pas toujours aux habitudes du high life; ma sœur qui, en sa qualité d'artiste, se sent les quatre pieds blancs pour aller partout chercher et étudier ses modèles, m'en a quelquefois raconté quelques-unes fort divertissantes. Un soir, par exemple, qu'elle était montée un peu haut à un théâtre fort respectable quoique de deuxième ou de troisième ordre, elle se trouva assise auprès de deux bonnes et braves personnes, vieux campagnards, mari et femme, que les hasards de la vie plutôt que leur goût avaient amenés à Paris. Ils étaient là, ne se sentant pas chez eux, et leurs yeux étonnés se promenaient autour d'eux, comme pour demander compte à tout ce qui les entourait de leur raison d'être en pareil lieu.

La pièce que l'on jouait était attendrissante et bien faite, et l'on se sentait, malgré le scepticisme parisien, tout ému devant les malheurs de l'héroïne et les péripéties du drame, lorsque ma sœur vit le bonhomme se lever tout à coup et, frappant avec une lassitude ennuyée sur l'épaule de sa compagne : — Eh! dis-donc, lui cria-t-il à haute voix, est-ce que tu t'amuses toi ici? Crois-tu que nous sommes venus à Paris pour nous occuper des affaires de tous ces godelureaux? M'est avis que nous avons bien assez de nous occuper des nôtres!

Et comme la femme, plus intéressée que son mari par les péripéties dramatiques qui la faisaient pleurer, cherchait à résister au désir que celui-ci exprimait de s'en aller :

— Je te demande, ma pauvre Mariette, ce que ça te fait que ce monsieur marie sa fille ou ne la marie pas, et que cette belle demoiselle épouse son Anatole ou un autre? Voyons, c'est-y nos affaires?...

Cette fois, la femme fut convaincue et les deux époux s'éloignèrent, non sans jeter un regard de pitié un peu dédaigneuse sur les parisiens assez peu occupés de ce qui pouvait les intéresser eux-mêmes, pour aller mettre leur nez dans ce qui ne les regardait pas.

— Dités-moi pourquoi, demandai-je, je vois, pendant les entr'actes, beaucoup de femmes qui se lèvent, au risque de déranger leurs voisins, tandis que d'autres, et ce sont toujours les mêmes, ne se lèvent jamais et restent assises, si elles sont dans des fauteuils ou enfermées dans leur loge, si elles occupent une de ces dernières? — Celles-ci sont les femmes que l'on est convenu d'appeler bien élevées, répondit madame Balmier; il n'est pas reçu, parmi les femmes du monde, que l'on se lève, dans chaque entr'acte, pour aller soit au foyer, soit au buffet du théâtre y chercher des rafraîchissements.

Cela ne veut cependant pas dire, d'une façon absolue, que l'on soit tenue à une séquestration complète : il peut arriver quelquefois que l'on se trouve dans l'obligation de sortir, soit pour prendre l'air, soit pour faire une visite polie à une personne de connaissance que l'on vient d'apercevoir dans la salle; mais il y a loin de cette sortie unique et discrète au remuement tapageur des femmes qui ne restent jamais à leur place aussitôt que le rideau vient de se baisser.

Il y a là, comme en toutes choses, une affaire d'appréciation et de tact, que les règles générales ne peuvent jamais complètement indiquer.

Du reste, ce sont plutôt les hommes que les femmes qui vont faire ainsi des visites pendant les entr'actes, et une jeune femme n'en doit faire qu'à d'autres femmes plus âgées ou auxquelles elle doit de la déférence. Alors elle doit toujours être accompagnée par son mari, ou par un homme, parent ou ami plus âgé qu'elle.

— Cela m'est justement arrivé ainsi il y a quelques jours, répondis-je, j'étais sortie de ma loge donnant le bras à un vieux monsieur, très respectable, que je sais être très répandu et connu dans le monde des théâtres, et j'espérais un peu à part moi, je l'avoue, qu'il me ferait connaître quelques-unes de ces personnalités dont on parle tant, et que l'on aperçoit toujours de si loin ; mais mon compagnon, quelque aimable qu'il ait pu être, a frôlé tout le monde, sans regarder et sans avoir l'air de connaître personne. Pourquoi a-t-il agi ainsi ?

— Est-ce que vous ne le devinez pas vous-même? Vous êtes une femme du monde ; il y a parmi celles que vous avez ainsi rencontrées, des personnalités dont la connaissance eût pu vous être désagréable, des présentations que vous n'eussiez pas désirées. Et, aussi homme du monde que vous pouvez l'être vous-même, monsieur X. a cru devoir s'abstenir, étant avec vous, de toute relation qui vous fut étrangère et il n'a été, pendant qu'il vous accompagnait, qu'un chevalier servant, étant tout vôtre et ne s'occupant de rien qui ne fut vous.

— C'est la vraie quintessence du savoir-vivre, que de bien observer toutes ces nuances si délicates ; mais on n'est pas un véritable homme du monde si on ne sait à l'instant où cela est nécessaire, les apprécier et les mettre en pratique.

— Pourquoi avez-vous souri tout à l'heure, lorsque nous avons rencontré une dame, que je connais depuis quelque temps, et qu'elle m'a priée, en nous quittant, de *présenter ses hommages à mon mari?*

— J'ai souri, il est vrai, mais d'une façon si imperceptible, qu'il me semblait impossible que même vous, vous vous en fussiez aperçue. C'est que cette phrase banale, très acceptable dans la bouche d'un homme, ne l'est pas du tout dans celle d'une femme. Elle peut présenter ses bons souvenirs, sa sympathie même; mais elle ne présente jamais ses hommages à un homme. C'est ridicule et prétentieux, en même temps que cela annonce un complet manque de savoir-vivre.

Cette même dame, vous l'avez vous-même remarqué, parlait haut et gesticulait dans sa loge, de façon à attirer sur elle l'attention des autres spectateurs, ce qui est toujours du plus mauvais goût. Une femme doit toujours éviter cet éclat, ressemblant à une réclame; sa distinction et sa simplicité à défaut même des grandes qualités de l'intelligence, la présentent mille fois mieux que tout le bruit qu'elle cherchera à faire autour d'elle lorsqu'elle se trouve en public.

— J'ai déjà fait moi-même aussi cette réflexion sur les enfants, dont je ne puis m'expliquer la présence au théâtre. Pauvres bébés! Comme ils seraient mieux dans leur lit à dormir!

Cela commence à avoir peu de raison d'être,

avec nos mœurs modernes ; et si l'on veut conduire les enfants au théâtre, ce que je n'admets que lorsqu'il s'agit d'une féérie ou d'une bluette très courte, on choisit d'ordinaire le jour où les pièces reviennent en matinées, afin de ne pas fatiguer la tête des petits par une veille trop prolongée. Non, il ne faut jamais conduire un enfant au théâtre le soir. Il y a là tous les inconvénients les plus déplorables pour la santé, pour le développement de l'intelligence et pour le travail des enfants.

Que voulez-vous que fasse le lendemain le pauvre baby qui aura passé une partie de la nuit à voir des choses que, la plupart du temps, il ne peut comprendre et qui fausseront sûrement son jugement pour l'avenir ? Nous pourrions presque en dire autant en ce moment pour les jeunes filles. Il y a fort peu de pièces qu'elles puissent aller voir jouer, et il est toujours imprudent de les conduire au théâtre avant d'avoir connu véritablement la pièce qu'elles devront voir.

Si, par hasard, une imprudence de ce genre a été commise, il serait du plus mauvais goût, de la part d'une jeune fille, de se vanter d'avoir vu une pièce dont elle ne devrait quelquefois pas connaître le titre. Il en est de même pour les livres, trop souvent laissés à la portée de tous et qui sont lus ainsi avec une avidité malsaine. Cela ne devrait pas être ; mais cela peut arriver. Il faut alors que l'on soit jeune femme ou jeune fille surtout, se garder de dire à tous, comme je l'ai tant de fois vu faire, que l'on connaît des œuvres qui n'auraient pas dû être écrites ; et qui ne doivent pas être lues par ceux qui n'ont pas encore une sérieuse expérience de la vie.

Les entr'actes sont charmants pour causer, et je vais en profiter pour vous demander une nouvelle leçon. Depuis que j'ai fait à Paris d'assez nombreuses connaissances, il n'en est pas une qui ne me demande de lui donner ma photographie comme souvenir. Je n'ai pas pu me dispenser d'accéder aux demandes de quelques-unes ; mais il y en a d'autres pour lesquelles je suis réellement embarrassée. Dois-je donner cette photographie ou dois-je m'abstenir ?

— Il y a, dans cette demande une preuve d'intérêt, d'affection ou de curiosité ; mais on y voit quelque chose de bienveillant qui doit nous porter à ne pas refuser cette petite marque de politesse à ceux qui nous témoignent le désir de posséder notre image. Je vous engage donc à donner votre photographie à toutes les femmes qui vous la demandent ; mais non aux hommes, à moins que ce ne soient des amis tout à fait intimes, à qui vous la donnerez en présence de votre mari, afin que nul d'entre eux (ce sexe est si malin !) ne puisse se targuer de posséder votre portrait d'une façon illicite. Cette réflexion ne peut cependant concerner les femmes âgées, dont on ne peut solliciter la photographie que pour conserver d'elles un souvenir amical et maternel. Cela ne peut, aussi, concerner les femmes artistes ou ayant quelque célébrité. Tout le monde pouvant se procurer leur portrait, on ne le leur demande à elles-mêmes que pour avoir un autographe ou un souvenir plus personnels. J'ai déjà dit, je crois, à peu près la même chose pour les cartes de visites, sur lesquelles une femme du monde ne donne jamais son adresse. Il n'en est pas de même si elle est chef de famille, ou professeur, femme de lettres ou artiste. Dans ce cas, elle est quelqu'un et a le droit et souvent le devoir de ne pas suivre la règle ordinaire.

XVIII

USAGES MASCULINS

Comparaison. — Jeunes et vieux. — Un homme bien
élevé. — Quelques réflexions sur les gants. — Ce qu'il
faut faire et ce qu'il faut éviter. — La vie intérieure,
anecdotes. — Politesses masculines.

Un voyage, que j'ai dû faire avec mon mari, m'a tenue, pendant quelques jours, absente de Paris et par conséquent éloignée des aimables conseils de madame Balmier.

J'y reviens vite, car ces conseils font le plus grand charme de ma chère vie parisienne.

Mais, j'ai toujours parlé des femmes, jusqu'à ce jour, et il me semble que messieurs les porteurs de barbe ont bien besoin aussi, quelquefois, qu'on leur prenne le bout du nez pour leur apprendre à se bien conduire.

C'est donc un peu à eux que nous comptons nous adresser pendant quelques-uns de nos chapitres.

Ah! s'ils ne sont pas toujours contents!... Ils s'en consoleront en pensant que, les Français étant trop parfaits pour que nous pensions à nous adresser à eux, c'est tout simplement pour ces pauvres tonkinois, qui voient de si loin la vie civilisée, que nous demandons des conseils dont la plupart ont un si grand besoin.

On dit ; mais je ne sais jusqu'à quel point ce *on dit* a de la valeur, (ces français sont si malins), que les hommes d'autrefois, ceux des générations passées, et même ceux qui sont aujourd'hui des vieillards, avaient mille fois plus de savoir-vivre, et avaient, par conséquent, bien moins besoin de conseils que les jeunes hommes d'aujourd'hui.

Et plus on va, dit-on aussi...

— Mais à ce compte-là, chère madame, dis-je en interrompant madame Balmier qui me parlait ainsi, à ce compte-là, que vont devenir ces malheureux hommes dans quelques générations! — Bast! s'il est vrai que nous descendons de l'espèce simienne, comme l'a professé un célèbre physiologiste anglais, il serait bien possible que nous reprissions le chemin par lequel nous avons déjà passé en montant, pour le redescendre et redevenir l'homme des bois, avec lequel la comparaison ou dont la paternité nous font rougir...

Peut-être faudra-t-il cette crainte salutaire pour ramener les jeunes du vingtième siècle à ce que valaient leurs aïeux du dix-huitième.

— Voulez-vous que je vous donne une preuve de ce que j'avance?

Et comme mon regard restait interrogateur...

— Nous étions, il y a quelques jours dans une loge des *Français*, lorsque nous fûmes saluées de loin, ma sœur et moi, par trois hommes de notre connaissance.

C'était un vieillard, que l'on aurait presque pu prendre pour un contemporain de Monsieur Chevreul, tant ses cheveux étaient blancs, sa face ridée et son torse courbé. Monsieur D... ne s'était jamais marié. Lorsqu'il était jeune, il avait aimé, comme on aimait alors, une de ses cousines, pauvre enfant qu'avait emportée un jour la petite vérole noire, et Monsieur D... avait vécu avec ses souvenirs, restés toujours au fond de son cœur.

Il avait auprès de lui un de ses neveux, et le fils de ce dernier.

En nous apercevant, le vieillard, qui avait été notre tuteur lors de la mort de mon père, se leva vivement pour venir nous visiter dans notre loge. Je le vis adresser la parole à ses deux compagnons, et il était facile de comprendre qu'il voulait les amener avec lui et nous les présenter. — J'étais intéressée par cette petite scène, et j'en suivais en souriant les péripéties.

Le neveu acceptait, sans trop d'empressement il est vrai; mais enfin il cédait à peu près aux désirs du vieillard. C'était une condescendance qu'il voulait bien avoir, voilà tout... Mais le jeune homme ?

Oh ! celui-là, quelle résistance il semblait apporter à ce qu'on le priait de faire !

Enfin, nous vîmes les deux hommes plus âgés se lever et se diriger de notre côté. L'autre, le jeune, sortit dans le couloir, en même temps qu'eux, alluma un cigare et se dirigea vers le foyer.

Les deux premiers entrèrent dans notre loge. Le vieillard aimable, spirituel, charmant, nous faisant oublier l'heure et captivant notre attention par ses souvenirs et ses récits, empreints de ce sel gaulois qui donnait à sa conversation tout le charme de ces salons d'autrefois, si vantés, si regrettés par ceux qui s'en souviennent ou les ont connus par tradition.

L'autre, correct, causant affaires, s'il pouvait trouver l'occasion de placer un mot de ce qui l'intéressait; cependant convenable, sans nous laisser en quoi que ce soit le désir de le retenir.

L'entracte touchait à sa fin, lorsque la porte de la loge s'ouvrit assez brusquement, et livra passage à une tête, sentant encore la fumée du cigare à peine enlevé de la bouche, et nous entendîmes avec stupéfaction ces charmantes paroles : — Eh bien, papa, et le vieux, avez-vous bientôt fini de faire la cour à vos connaissances ?

Le vieillard se leva précipitamment, attira le jeune étourdi en le prenant par la main, et nous le présenta avec toute la courtoisie du plus pur gentleman. L'autre le laissa faire; c'était la meilleure manière dont il pût s'en tirer.

... Nous n'en avions pas fini avec les réflexions apportées par nos trois visiteurs, lorsque le second entr'acte nous amena un autre inconnu qui, dès le premier coup d'œil, me devint tout à fait sympathique. Tout, dans sa personne, dans le son de sa voix, sa manière de s'exprimer, de se tenir, de s'asseoir ou de se lever, annonçait une telle aisance, un tel désir d'être agréable et de montrer le respect qu'il professait pour les femmes, qu'il était impossible de ne pas comprendre que cet homme était le type de l'homme bien élevé.

— Il est vrai, me dit tout bas Mme Balmier, qu'il a pour mère l'une des femmes les plus distinguées que je connaisse. Quand un homme a ainsi choisi sa route, tout lui est facile pour se bien conduire. L'habitude de chercher à plaire et à être agréable aux autres, amène nécessairement en son esprit une bienveillance avec laquelle il évitera toute méchanceté; s'il est fort, intelligemment et corporellement, il comprendra qu'il doit soutenir ceux qui sont faibles et dont il se fera aimer.

— Mais cet être, que vous voulez aussi parfait, verra peut-être alors les choses de trop haut et négligera peut-être ces petits détails, du savoir-vivre auxquels vous attachez tant de prix ?

— Non, détrompez-vous : ce sera tout le contraire qui arrivera. La crainte de blesser, le désir d'être agréable, conduiront, au contraire, à cette politesse du cœur, qui est la meilleure de toutes, soyez-en sûre... Il est puéril d'attacher trop d'importance aux détails qui ne sont qu'une affaire de convention ; mais il est généreux et digne d'un grand cœur de leur laisser prendre la place que donneront toujours l'esprit et la bienveillance. Il est évident qu'un sot et un méchant marcheront toujours à côté de la bonne route, si on ne les prend par la main pour les y remettre; l'homme bon et intelligent saura la trouver seul, dût-il n'y rencontrer qu'un petit nombre de compagnons. Mais, quittons si vous le voulez bien les données générales, et remarquez la tenue de notre visiteur, lorsqu'il reviendra, comme il l'a promis. J'ai déjà remarqué, parmi les petites choses que nous apprécions tout à l'heure, qu'il ne parle jamais de lui, ni de sa fortune, ni de sa position, quoique l'une et l'autre soient, m'avez-vous dit, beaucoup au-dessus de l'ordinaire. Cependant...

— Voyons, que veut dire votre cependant, accompagné d'un certain malin sourire ?

— Cependant votre ami si parfait m'a paru avoir presque autant de coquetterie qu'une femme.

— Et vous appelez cela un défaut? Mais cette coquetterie que vous semblez critiquer, n'est que le respect de soi-même, et, sans chercher un luxe souvent déplacé, un homme doit toujours tenir à être très convenablement habillé. S'il appartient à ce que l'on appelle *le monde*, il ne doit jamais se présenter ni dans un salon, ni en visiteur dans une loge, ni enfin dans aucune circonstance où il doit se trouver avec des femmes, sans avoir une tenue convenable et surtout sans être ganté. Les gants, qui paraissent n'être rien, sont cependant un *criterium* auquel on reconnaît le genre d'éducation et le genre de monde auquel un homme appartient. Les gants de peau, suède ou chevreau pour les salons; ceux en daim ou en toute autre peau épaisse pour monter à cheval, conduire, aller en voyage ou à la campagne; sont les seuls qu'il puisse se permettre. J'en excepte cependant les gants de fil, irréprochablement faits, pendant les grandes chaleurs de l'été; mais les extrêmes dans la température autorisent alors des écarts que l'intelligence fait toujours apprécier... Et, puisque nous sommes sur cette question des gants, je ne vois pas pourquoi nous ne la terminerions pas tout de suite. Les gants noirs, pour les hommes surtout, sont les plus commodes et les meilleurs pour les circonstances ordinaires; ils sont inadmissibles, à moins de deuil, pour les hommes jeunes lorsqu'il est question de circonstances un peu cérémonieuses, telles que visites de noces, bals, soirées, mariages, etc, etc. A un mariage, les gants clairs sont indispensables lorsque l'on est garçon d'honneur, ou même lorsque l'on fait seulement partie du cortège. Il en est de même pour un baptême, lorsqu'il y a invitation et un peu de cérémonial. J'excepterai de cette règle les vieillards, à qui l'on doit pardonner ces légères infractions, pouvant plaire à leurs habitudes ou à leur bien-être.

— J'ai aussi remarqué, repris-je, que, loin de chercher des yeux un endroit où il pût déposer son chapeau, votre ami modèle l'a constamment tenu à la main, sans l'abandonner un instant. C'est donc une règle de savoir-vivre ?

— Absolument, répondit vivement madame Balmier. Il n'y a que les hommes mal appris, ou qui gardent leur chapeau sur la tête, ou qui le déposent, en entrant, sur une table ou sur une chaise. lorsqu'ils vont faire une visite. Les autres le gardent à la main, en ayant soin surtout de ne présenter que le fond du chapeau, dont on ne doit jamais apercevoir la coiffe.

..... Si la vulgarité est chose triste et déplaisante chez une femme, je crois qu'elle est plus choquante encore chez un homme. Peut-être cela vient-il un peu de ce que nous nous sommes trop habituées à considérer les hommes comme devant avoir une éducation supérieure; mais cela arrive si rarement, surtout en ce qui concerne le savoir-vivre !

Il en est un peu des habitudes comme de l'argent. Il est plus facile de les acquérir que de les conserver.

Il serait bon même que les hommes eussent dans leurs relations, je ne dirai pas une sorte de coquetterie, ce mot ne s'appliquant qu'aux femmes, mais un désir de plaire qui en approchât assez pour qu'ils sacrifiassent un peu leur sans-façon à ce désir.

Fumer en présence d'une femme, sans lui en avoir au préalable demandé la permission, garder devant elle son chapeau sur la tête, prendre enfin des airs qui indiquent le peu de respect que l'on a pour elle, indiquent ou un homme mal élevé, ou se plaçant volontairement au-dessus de toutes les convenances, ce qui vaut peut-être moins encore.

— Il y a certaines circonstances où les jeunes hommes me donnent toujours envie de rire, répondis-je ; c'est dans un bal, une soirée dansante, lorsque je les vois faire des mines, se placer devant une glace pour faire semblant d'arranger leur cravate, mais bien plutôt pour s'admirer en se faisant presque des yeux doux. Mais, ce qui me choque le plus, c'est leur manière de danser lorsque, en valsant, ils saisissent, comme s'ils allaient commettre un crime, la main de leur valseuse, et la posent sur leur hanche, avec un air de triomphe, comme pour défier la galerie. Est-ce donc que c'est acceptable et distingué de danser ainsi?

— Mais vous venez vous-même de porter un jugement en cette matière. Non seulement cela n'est pas distingué ; mais cette manière de se poser est absolument inacceptable et ridicule. Elle n'est employée que par des jeunes hommes qui n'ont jamais été dans un monde convenable. Ils sauraient autrement, que pour eux comme pour les femmes, la simplicité est toujours la preuve d'une éducation et de manières distinguées, et qu'il faut surtout éviter de se faire remarquer en se rendant ridicule.

— Mais, vous ne me parlez, là, que de la vie extérieure. Elle a, sans doute, une importance grande et réelle ; mais, nous avons l'habitude, nous autres exotiques, de considérer aussi la vie intérieure, la vie familiale comme vous le dites en France, comme bien plus importante encore ; et la manière de se conduire avec les siens, avec sa femme et ses enfants, nous doit intéresser, me semble t-il, au moins autant que l'art de tenir son chapeau ou de mettre ses gants.

— Aussi, allais-je y arriver, répondit madame Balmier; certes, vous avez raison; on vit quelques heures par jour dans le monde, et l'on vit toujours avec sa famille.

C'est donc le milieu dans lequel il est nécessaire d'être constamment l'homme bien élevé, vers lequel se portent nos aspirations.

Il n'est pas rare de rencontrer des hommes charmants à l'extérieur qui, rentrés au milieu de la famille, en deviennent le supplice ou l'ennui.

Il leur semble que, dès qu'ils ont échangé leur habit contre leur robe de chambre, toutes les trivialités, tous les sans façons sont pour eux autorisés.

Il y a là, évidemment, la preuve la plus absolue d'une nature grossière.

C'est au milieu de la famille, au contraire, avec ceux qu'on doit aimer, protéger et respecter avant tout, que l'on doit montrer aussi ce respect de soi-même, que l'on impose ainsi aux autres, sans l'exiger et sans même qu'ils s'en doutent.

L'homme trop sans façon ressemble à ce brave époux qui se démantibulait la mâchoire par de trop formidables baillements, en présence de sa femme qui s'écria :

> — Mon cher mari, monsieur Toutun,
> De ce baillement importun,
> Pourquoi tant m'ennuyer l'ouïe ?
> — Eh quoi ! Cela vous contrarie ;
> Mais, vous et moi ne faisons qu'un;
> Et quand je suis seul, je m'ennuie !

Eh bien, l'on ne doit jamais se considérer assez comme ne faisant qu'un avec sa femme pour lui être désagréable en ne s'observant pas suffisamment dans toutes les questions du plus absolu savoir-vivre. Et que l'on ne croie pas que cela soit le moins du monde difficile ! Non, il suffit simplement d'en prendre l'habitude ; et, au lieu de poser ses pieds sur la cheminée, en s'étalant dans son fauteuil, on les mettra tout naturellement par terre, et l'on emploira des mots convenables au lieu de cet argot de bas étage, dont certains hommes sont heureux de se servir dans l'intimité, comme une protestation contre la gêne qu'ils éprouvent de se tenir convenablement en public.

Je dirais presque, si je l'osais, qu'il y a lâcheté et manque de cœur à imposer à une pauvre femme, souvent trop timide et trop douce pour en faire tout haut la remarque, pour lui imposer, dis-je, des habitudes vulgaires qui lui créent une souffrance sans cesse renouvelée.

L'homme, qui est toujours le plus fort, devrait se rappeler cette petite histoire :

« Au temps où Larmatine publiait *Le conseiller du peuple*, un ouvrier herculéen, au torse immense, aux bras musculeux, à l'encolure de lion, vint chez lui.

— Vous conseillez le peuple, citoyen, lui dit-il, je viens vous demander conseil.

— Je vous écoute, lui répondit le poète, homme d'état.

— J'ai une femme blonde, délicate, qu'on ferait tomber avec un souffle.

— Et vous vous en plaignez ?

— Oui, parce qu'elle me bat ; elle me bat presque tous les jours, à ma plus petite incartade, quand je fais le lundi, quand je bois de l'absinthe, quand je jure ou que je fume trop. Que faut-il faire ? La dénoncer au commissaire, la quitter ou la battre moi-même ? Si je le voulais, je pourrais l'écraser d'un revers de main.

Lamartine réfléchit un moment, puis il dit à l'ouvrier :

— Suivrez-vous mon conseil ?

— Je vous le promets.

— Eh bien *il faut vous laisser battre*, il n'y a ni humiliation ni honte, quand on se sent le plus fort. »

Cela ne veut pas dire à la lettre, qu'un mari doive se laisser maltraiter par sa femme, ni au physique ni au moral, s'il se trouve en présence d'une femme méchante ou mal apprise ; mais cela doit lui faire comprendre que, puisque la nature lui a donné la force physique et les lois humaines la force morale qui semblent lui donner la suzeraineté, il ne doit en profiter que pour avoir plus de bonté et d'indulgence pour l'être plus faible, et qu'il doit savoir, quelquefois, *se laisser battre*.

Il arrive bien souvent qu'un homme manque sa carrière parce qu'il a d'abord manqué de savoir-vivre. Voici, à ce propos, une petite histoire absolument exacte :

Un jour un sculpteur, ayant obtenu le prix de Rome, est invité à dîner chez le ministre des Beaux-Arts. C'était alors un usage auquel on a dû renoncer, comme vous l'allez voir.

Au premier verre de vin qu'on lui sert, le sculpteur lève sa coupe, la porte à la hauteur de son œil, la reluque avec amour, déguste avec lenteur le liquide vermeil, le rumine, le savoure, et dépose enfin son verre en s'écriant avec un choquement de langue bien fait pour étonner en pareil lieu :

— Joli regimblard !

Quelques minutes après, un laquais poudré, brodé, galonné, s'approche du convive, orné d'une bouteille drapée d'une vénérable poussière, en murmurant.

— Chambertin 1848 !

— Pas de ça! Pas de ça! s'écrie le prix de Rome déjà émerillonné.

Le petit regimblard de tout à l'heure ! Il est coquet !.... Je m'y tiens.

On sait que *Petit Regimblard* dans un argot spécial, sert à désigner certain petit mauvais vin de Suresnes.

On devine si ce cri et cette attitude ont dû jeter un froid. Le prix de Rome convive ne s'en est jamais relevé.

Et, depuis ce jour, ses émules et successeurs n'ont plus été invités chez le ministre des beaux-arts.

— Ah ! comme tous vos usages sont difficiles à observer, et comme on doit savoir gré à ceux qui savent s'y conformer !

— Non, ils ne sont aucunement difficiles, et ils peuvent se résoudre en deux mots : *habitudes* données par l'éducation et *bienveillance*. L'habitude fait comprendre à un homme qu'il faut aux femmes tous les égards et la bonne volonté que doit le fort au faible, et la bienveillance les lui fera observer sans contrainte et avec l'air de le faire pour lui-même. S'il se trouve sur un trottoir, où la place est trop étroite, il se rangera du côté du ruisseau, et descendra même le trottoir pour laisser place à une femme ou à un vieillard ; dans un escalier, il se rangera, en se faisant le plus mince possible, pour laisser à une femme le côté de la rampe, sur laquelle il lui sera possible de s'appuyer. S'il s'agit de monter ensemble, il passera devant pour ne pas être une gêne, et fera par la même raison, le contraire, en restant derrière lorsqu'il s'agira de descendre.

Un homme bien élevé, à moins d'intimité, ne saluera jamais très ostensiblement une femme dans la rue ; il devra attendre que, par un signe, celle-ci l'y autorise, et il devra, encore moins, lui tendre la main avant que celle-ci n'en ait fait elle-même le mouvement.

En un mot, il doit toujours attendre une permission ostensible ou presque tacite quelquefois qui l'autorise à se mettre au niveau d'une femme, dont il doit toujours se montrer honoré d'être l'égal.

Tout cela est bien puéril, n'est-ce pas ; mais il faut bien accepter ce petit compromis, dont les femmes semblent se contenter, comme une compensation à l'infériorité qui leur est si souvent imposée.

Cependant, nous ne sommes pas encore pour cela tout à fait comme en Amérique. Il se rencontre en France, hélas, des hommes assez impolis et des plus jeunes qui, commodément assis dans un tramway ou dans un omnibus, laisseront debout, sur la plate-forme, une vieille femme, quelquefois peu couverte ou fatiguée, sans penser que leur devoir le plus strict serait de se lever et d'offrir leur place à la plus vieille et à la plus pauvre. En Amérique, lorsqu'une femme arrive sur la plate-forme et qu'il n'y a nulle place vide à l'intérieur, elle choisit, d'un coup d'œil celle qui lui convient; et, si elle est occupée par un homme, elle s'incline légèrement devant lui, en faisant signe qu'elle veut la place. Le premier occupant se lève alors et la cède, sans que la pensée lui puisse venir de résister.

— Croyez-vous être suffisamment éclairée maintenant en ce qui concerne messieurs nos maris et nos frères ?

— Peut-être ! dis-je en riant ; mais, pour aujourd'hui je me déclare satisfaite et nous passerons, si vous le voulez bien, à quelques autres considérations générales.

XIX

PORTRAITS

Une femme comme il ne faut pas être.

Paris, ou du moins la vie mondaine que l'on mène à Paris, tout cela est à peu près fermé en ce moment de chaleurs torrides, où chacun se retire dans les villas, châteaux ou campagnes.

La vie balnéaire, à laquelle je vous ai déjà fait participer, et dont je vous reparlerai peut-être, ne pouvant être mienne en ce moment, je vais vous faire assister à une petite scène qui vous montrera en même temps des portraits qu'il faut absolument éviter, sous peine de passer pour femme vulgaire ou mal apprise.

Ne trouvez-vous pas que l'on rencontre souvent dans le monde des gens, hommes ou femmes, auxquels on ne saurait en apparence rien reprocher? Ils sont bons, bien intentionnés, désireux même d'être agréables, et cependant ils sont absolument insupportables. De quoi cela dépend-il?

C'est que, si l'on peut employer cette expression, ils n'ont pas la pudeur de la vie. — Ils marchent devant eux, regardant en eux-mêmes, ne comprenant pas et n'admettant pas que les autres aient des sensations, des délicatesses, des appréciations qu'ils n'ont pas eux-mêmes.

Ces réflexions, que je faisais sans les analyser, me furent communiquées par madame Balmier, un jour que nous nous trouvions dans une réunion intime à la campagne.

Il se trouvait là une jeune femme, de trente à trente-cinq ans, répondant absolument au type dont je parlais tout à l'heure.

On sentait, dès son premier abord, qu'elle prenait et se donnait une autorité que sa valeur personnelle et sa position sociale ne pouvaient lui conférer.

C'était simplement l'affirmation de ce qu'elle pensait d'elle-même. — Elle se posait en femme d'une incontestable supériorité, et elle s'imposait à tous comme telle.

Cette manière d'agir impose quelquefois en effet aux personnes timides ou peu habituées à apprécier et à analyser les gens et les actions; mais elle produit un étonnement d'abord et un éloignement ensuite chez ceux qui jugent et voient le vide de la tête au milieu de ce déluge de paroles creuses, qui ne peuvent que jeter aux yeux une poudre qui ne tarde pas à tomber par terre.

Il y avait, dans le salon où nous nous trouvions réunis, des femmes âgées ayant le savoir-vivre que donne l'habitude du monde ; il y avait des hommes instruits et des jeunes femmes intelligentes, à l'esprit primesautier, capables tous d'avoir des appréciations et de les émettre de façon à intéresser l'auditoire.

A peine madame B.... eût-elle pris place au milieu de tout ce monde, dans lequel elle entra comme une bombe qui éclate d'avance dans la crainte de manquer son explosion, qu'elle s'empara en maître absolu de la conversation, laissant a peine aux auditeurs le temps de lui donner une réplique, et ne permettant pas une contradiction.

Elle a des prétentions artistiques des plus accentuées, des auteurs qu'elle aime exclusivement, des écoles en tous genres qui sont siennes, de par son manque de jugement et sa volonté, et elle lance hardiment, sans s'occuper du jugement des autres et des blessures de cœur ou d'amour-propre qu'elle peut inspirer, elle lance, dis-je, les paradoxes les plus monstrueux et les plus étranges que l'on puisse imaginer.

Pour elle, tout poète, musicien, peintre ou littérateur n'appartenant pas aux écoles modernes ne peuvent pas, ne doivent pas être discutés.

« Ce sont des gens, dit-elle, dont le temps est passé. Ils ont pu répondre aux besoins intellectuels ou artistiques de l'époque à laquelle ils vivaient; mais nous avons marché depuis, nos aspirations, nos besoins ne sont plus les mêmes, et nous devons les laisser dormir dans cet éternel repos, qu'ils ont bien mérité. »

— Cependant, lui dit un vieux professeur, très amoureux du classique, vous admettrez bien quelques exceptions. Il y a des auteurs qui sont restés immortels parce qu'ils ont jugé et apprécié le cœur humain jusque dans ses fibres les moins connues, et comme le cœur humain ne change pas, ils seront toujours, eux, les maîtres dans cet art si grand qui consiste à peindre la nature. — Voyez Molière, par exemple, est-ce qu'il ne sera pas toujours, en ce genre, le maître devant lequel nous nous inclinerons volontairement?

Ici la jeune femme eût un suprême sourire de dédain, et un léger haussement d'épaules accentua sa pensée.

— Est-ce que vous avez trouvé quelquefois des scènes supérieures à celle de Célimène et d'Arsinoé dans le Mysanthrope?

— Allons donc! Est-ce que je lis de semblables vieilleries? Et votre Molière ne serait pas capable de faire soulever un instant mes paupières si j'avais envie de les fermer.

Et là-dessus, prenant un ton emphatique, la vingt-cinquième muse se mit à nous réciter quelques fragments d'un ouvrage commencé par elle, en nous affirmant, de temps en temps, que la postérité étonnée se mettrait à genoux devant ses chefs-d'œuvre. Nous nous trouvions tous trop bien appris pour rire au nez de la malheureuse pédante; cependant, son premier interlocuteur lui dit poliment :

— Vous pouvez vous aussi, madame, avoir quelque valeur dans la pensée; mais peut-être auriez-vous besoin de travailler avec quelques conseils, dont vous me paraissez avoir peu de souci.

A ces mots, madame B... releva vaillamment la tête.

— Des conseils à moi !... Mais j'ai cent fois plus de talent que ceux qui pourraient vouloir m'en donner ! Cela me ferait l'effet d'un merle voulant apprendre au rossignol à chanter !...

Stupéfaction générale !...

Et là-dessus la pauvre femme, sans la pudeur de la valeur personnelle qu'elle croit avoir, nous mit à nu toutes les misères de sa vie domestique, à nous, étrangers, dont elle ne connaissait en rien le bon ou le mauvais vouloir. Elle se plaignit de son mari, qu'elle mit sous les pieds tout en prétendant qu'elle l'adorait; elle nous montra la misère de son ménage, où tout manquait, disait-elle, par la faute de ce mari monstrueux, etc, etc. — Enfin, ne nous parlant que d'elle, toujours d'elle, de ses malheurs et de sa valeur, en s'imposant à nous de toutes façons, elle nous fit à tous lever le siège, pour aller chercher plus loin un air libre où nous pourrions vivre de nos sensations personnelles.

— Et cependant cette femme est bonne; elle serait désolée de faire à qui que ce soit un mal moral ou physique, et elle est insupportable!

XX

LA VRAIE ET LA FAUSSE CHARITÉ

Dans notre pays, que vous regardez un peu comme habité par des sauvages, dis-je un jour à madame Balmier, nous ne considérons pas tout à fait le mot *charité* comme vous le faites vous-même. Chez nous, pour être charitable, il faut payer de sa personne, s'imposer quelque privation, etc, tandis qu'ici on croit être charitable lorsque l'on a simplement ouvert sa bourse à un mendiant ou à un importun ; nous appellerions cela l'aumône ; mais non la charité.

— Mais nous sommes absolument de même avis que vous, chère madame, et pour vous en donner une preuve et un exemple, je vais vous raconter une petite scène dont vous auriez pu être témoin comme moi si vous m'aviez accompagnée dimanche à la campagne.

Nous étions, à midi, confortablement assis devant un bon déjeuner, au milieu d'amis heureux de se revoir. Le café venait d'être servi lorsque

Jean, le valet de ferme, entra, moitié pleurant, moitié timide; mais dans tous les cas fort embarrassé de sa personne en se trouvant en si belle compagnie.

Il était évident que le pauvre garçon était peiné par quelque événement malheureux et extraordinaire.

— Mon Dieu, qu'y a-t-il Jean? demanda la maîtresse de la maison, tout étonnée de cette entrée insolite.

— Ah! madame! s'écria le pauvre garçon avec confusion; il y a que la Jeanne, en se promenant avec le petit, qu'elle avait à son cou, est tombée avec l'enfant sur une grosse pierre, que la tête du petit a porté, et qu'il est maintenant dans son berceau avec une grosse fièvre, en jetant des cris si tristes, que je voudrais être à sa place pour lui ôter son mal.

— Vous avez envoyé chercher un médecin?

— Celui du village, près de chez nous, est vieux et malade, et il n'a pu venir voir le petit, répondit Jean tristement, et pour en faire venir un de Paris ça coûte cher, et puis je n'ai personne pour y aller; je ne puis laisser la Jeanne et le petit tout seuls.

Pendant que Jean parlait, je remarquais, sans en avoir l'air, que Lucie, l'institutrice des petites filles de la maison, s'était levée, avait dit quelques mots à l'oreille de leur grand'mère, et se dirigeait vers la porte de sortie.

Au bout de quelques instants, elle revenait coiffée d'un grand chapeau de paille, qui lui abritait la tête et les épaules et, tendant la main à Jean :

— Partons vite, lui dit-elle, vous allez me montrer la route qui conduit chez vous, et vous retournerez ensuite au chemin de fer, où vous arriverez encore à temps pour ramener de suite un médecin de Corbeil ou de Paris. Pendant ce temps je resterai auprès de votre femme et de votre fils que je soignerai de mon mieux.

— Quoi ! s'écria avec épouvante une jeune femme de vingt ans, nouvelle mariée, à qui la vie n'a encore donné que la réalisation des brillantes promesses faites à sa luxuriante jeunesse ; quoi ! vous allez vous exposer ainsi, par cette brûlante journée, à l'heure de midi, sans penser que vous avez peut-être une longue route à faire, par des chemins tortueux, où l'on ne peut penser à faire entrer la moindre voiture ! mais c'est de la folie et nous devons nous y opposer.

— Non, vous avez raison, je n'ai pas pensé à tout cela, répondit en riant la jeune fille ; mais, maintenant que j'y pense je suis plus décidée encore à affronter toutes ces petites difficultés, qui pourraient peut-être faire retarder encore plus les secours nécessaires.

La jeune femme leva imperceptiblement les épaules.

— Comme s'il ne suffirait pas d'envoyer de

l'argent à ces gens-là, murmura-t-elle.

— Eh bien ma chère, faites donc, vous aussi, ce que votre cœur vous conseille, intervint la vieille dame avec une légère ironie dans la voix.

Interpellée ainsi, la jeune femme ne pouvait reculer, et je ne pense pas qu'elle en eût même la pensée.

Croyant, comme elle le disait, que l'argent remplace tout, elle devait s'en montrer prodigue et ne pas le ménager, même pour les autres.

Cependant elle ouvrit nonchalamment un porte-monnaie, dont elle tira une pièce d'or, et la tendit à Jean en lui disant froidement:

— Tenez, prenez cela pour aider à soigner votre petit garçon.

Après le départ de Lucie, personne ne dit un mot sur la petite scène qui venait de se passer. Les pensées rentrèrent comme si elles avaient craint de se faire jour. Et moi, faisant un retour sur le passé, je pensai malgré moi à Marguerite et à Mme Danson dans une circonstance presque analogue.

Lucie apprécia bien vite que la plus grande cause de souffrance de l'enfant venait simplement du bruit assourdissant causé par les lamentations de la mère et par le commérage des voisines. Elle demanda la permission, sous prétexte de soins nécessitant cette mesure, d'emporter le berceau dans la pièce voisine, où l'absence de bruit et de lumière vive, jointe à la sollicitude et aux soins intelligents dont elle entoura le petit, calmèrent bien vite ses souffrances, et il venait de s'endormir lorsque, à huit heures du soir, arriva un médecin de Corbeil.

— Vous seule l'avez sauvé, lui dit ce dernier; je serais peut-être arrivé trop tard si vous ne l'aviez soigné et enlevé surtout à ce milieu tapageur, qui aurait pu amener une incurable maladie du cerveau. Et Lucie, en s'éloignant, a emporté au fond de son cœur une joie qu'elle renouvellera certainement autant de fois que l'occasion s'en représentera.

Les autres donnent leur superflu, quelquefois; la femme vraiment charitable donne son cœur qui lui renvoie lui-même la récompense qu'elle mérite.

XXI

LA FEMME QUI VEUT ÊTRE ARTISTE
SANS RESTER FEMME

Voici pour moi, étrangère, l'un des plus singuliers types qu'il soit possible de rencontrer dans ce monde parisien, où les excentricités de tout genre ne font cependant pas défaut. Mais madame Balmier croit devoir compléter mon éducation mondaine en me montrant des femmes, et quelquefois des hommes, dont la vie et les exagérations sont l'un des meilleurs exemples à donner afin de nous apprendre à éviter de leur ressembler.

Madame de V... est veuve, depuis quelques années, d'un sculpteur de mérite qu'elle avait épousé alors qu'elle avait vingt ans, seulement à cause de sa qualité d'artiste. Aussitôt après son mariage, la jeune femme qui appartenait, paraît-il, à une famille très patricienne, a rompu avec toutes les habitudes de son passé et s'est mise, comme son mari, à faire de la sculpture, pour pouvoir, elle aussi, porter ce beau nom d'artiste qui était le rêve et le but de toute sa vie. Cette propension, ce goût et ce désir n'ont rien de blâmable, au contraire, l'art véritable et digne mettant celui qui l'exerce au niveau et souvent au-dessus de ceux qui se bornent à le comprendre et à l'admirer.

Mais, c'est d'une bien singulière façon que madame de V... à compris et conquis ce titre.

A peine a-t-elle eu les mains posées sur l'ébauchoir, à peine a-t-elle vu une figurine encore informe sortir de son cerveau, qu'elle s'est cru le droit de n'être plus ni femme ni mère.

Elle a été artiste comme elle le comprenait elle-même, c'est-à-dire de ces êtres hybrides n'ayant aucun souci de ce qui fait la vie aimable ou supportable. — Maîtresse de maison, elle a laissé tout ce qui l'entourait dans un état de négligence qui faisait de sa demeure un de ces recoins maudits d'où l'être civilisé fuit presque avec épouvante, n'osant poser son pied en aucun lieu dans la crainte d'y faire crier la vie ou d'y rencontrer la mort. Femme, elle a abandonné au hasard le soin de lui conserver sa beauté ou de lui donner quelque charme. Tout en elle indiquait un laisser aller, une négligence, un sans souci de ce charme féminin ou même humain, qui révoltaient et chassaient même les amis les plus dévoués.

Mère, elle regardait son fils comme une gêne la ramenant vers la terre lorsqu'elle voulait s'élever vers les splendeurs des créations artistiques et éthérées.

Cette pauvre créature a vécu ainsi plus de vingt années auprès de son mari, dont elle a brisé le génie, et dont la vie quotidienne était devenue un martyre.

Un jour, la mort a fait cesser le martyre, et madame de V... est devenue libre.

Trop artiste pour pleurer, trop artiste pour regretter quelque chose ayant appartenu à la terre, madame de V... s'est hâtée de se séparer de son fils qui, hélas, est parti lui aussi sans essuyer une larme !

Il n'a jamais connu l'amour maternel, et il n'y croit pas ! Pensez-vous que ce ne soit pas déjà un crime que de détruire une pareille croyance ? Lorsque nous l'avons rencontrée, madame de V... était déjà veuve depuis plus d'une année. Elle avait un peu changé sa manière d'être. Arrivant à l'âge où les femmes ont besoin de faire oublier par leurs talents et leur esprit que les années leur enlèvent les charmes de la jeunesse, il lui a semblé qu'elle devait alors ouvrir son cœur à l'affection et à l'amour.

Elle a rêvé de se remarier en captivant un homme, n'importe lequel, pourvu qu'il fût jeune, beau, riche, instruit, aimable, dans une position sociale choisie, et qu'il ne l'épousât que pour le charme de sa personne.

Elle annonça alors à tous ceux qui la connaissaient son intention de prendre un second mari.

Comme madame de V... n'est pas seulement une artiste mais qu'elle est aussi une femme riche, et qu'en général personne ne doute de son propre mérite, plus d'un pauvre diable sans position, plus d'un déclassé rêvant les douceurs du *at home*, plus d'un prolétaire marchant toujours vers le mirage de la propriété, se présenta hardiment ou timidement, sans regarder les ongles noirs ou les jupes effrangées qui lui eussent peut-être fait peur.

Pauvres gens ! Pourquoi donc sous leurs titres d'emprunt ou sous leurs sourires de circonstances n'ont-ils jamais su cacher le véritable but vers lequel ils marchaient !

Etre adorée pour elle-même était devenu le seul idéal de la femme artiste, et il lui fallait ce phénix que tant de femmes sincèrement bonnes, belles et jeunes n'ont jamais su rencontrer. Quelle leçon la vie de cette femme devrait être aujourd'hui pour toutes les autres femmes !

Vieille, décrépite sous le fard dont elle se croit obligée de se couvrir, voulant être femme trop tard, quand elle a désappris à l'être ; ridicule et ridiculisée par ceux-là mêmes qui la flattent le plus, elle vit seule, abandonnée, malheureuse, sans se rendre compte que ce malheur n'est que le résultat absolu de sa manière d'être.

Peut-être ce portrait vous semblera-t-il un peu exagéré, lorsque je ne fais qu'en affaiblir les aspérités. Si ma plume et ma pensée ne se refusaient à quelques détails réalistes, qui ne sauraient trouver place dans mes aimés souvenirs parisiens, je vous ferais tantôt rire et frémir à la peinture de ce que peut devenir une femme qui a oublié le beau rôle qui lui a été donné par la nature.

Jeune, elle a rendu malheureux ceux qui l'entouraient ; vieille elle devient une créature misérable, ne pouvant inspirer d'autres sentiments que le dégoût et la pitié.

Rien n'est plus digne d'estime, rien n'est beau sur la terre comme une vieille femme arrivant à la fin d'une existence dont elle a su largement remplir les devoirs.

Elle ne cherche pas, celle-là, à cacher ses cheveux blancs, parce que chacun des fils argentés qui recouvrent sa tête, a blanchi sous une pensée d'abnégation ou d'amour.

Elle a été fille dévouée, femme intelligente et bonne, et ses enfants la vénèrent et l'aiment, parce qu'elle a senti et compris ce qu'était une mère.

Peut-être la nature a-t-elle voulu, pour la mieux faire ressortir, semer de temps en temps quelque monstrueuse antithèse, pour nous rappeler au sentiment de notre devoir et de notre bonheur.

Et elle a, pour cela, créé, par ci par là, une madame de V... pour nous faire peur et pour nous faire fuir.

XXII

ÊTRE PRISE POUR ÊTRE RICHE

Voici un autre type, bien plus commun, paraît-il, qu'on ne le pense, qui est une des spécialités de l'Europe civilisée, et qui m'a paru assez curieux pour que je l'étudie et en fasse l'un de mes portraits.

C'est le type de la femme voulant s'approcher des gens riches, vivre au milieu d'eux, et surtout faire croire qu'elle appartient à ce monde, que l'on envie trop.

Celle dont je vais vous parler est une femme petite, assez jolie, aux yeux noirs et vifs; mais dans lesquels, en les examinant atentivement, on découvre des lueurs et des éclairs annonçant la jalousie et l'envie. Sa bouche sourit et dit des paroles douces et mielleuses; mais ses yeux ne sauraient tromper, si on les regarde. Elle a un profond dédain pour tout ce qui n'a pas le brillant de la fortune; et, ne pouvant l'avoir elle-même, elle ne vit et ne veut vivre qu'auprès de ceux dont elle espère avoir le reflet.

Pauvre femme, que de déboires et de tristesses elle a dû trouver dans ces fréquentations insensées !

La première qu'elle rencontre est une sorte de mépris de son monde, à elle, qui ne croit voir qu'une affection et une admiration intéressées pour ceux dont elle veut partager les jouissances et la position moins modeste que la sienne.

Et qui sait si cette opinion n'est pas partagée aussi par ces derniers ?... Il est certain qu'il ne peut y avoir un désintéressement complet dans ce désir immodéré de ne vivre qu'avec des gens riches.

La chose la plus certaine c'est que, si ceux-ci vous comptent dans leurs relations ou dans leur intimité, ce n'est qu'à la condition qu'ils y trouveront, eux aussi, quelques avantages, et le premier de tous, celui que l'on peut considérer comme certain, c'est qu'ils verront en celui qui les recherche ainsi un subordonné, un inférieur que l'on tolère, parce qu'il se pliera à tous les caprices et devra être même parfois disposé à toutes les servitudes.

Le domestique aussi vit au milieu d'un luxe qu'il partage et dont il jouit quelquefois plus que ses maîtres ; et l'on doit penser que, le plus souvent, l'homme ou la femme riche presque toujours égoïstes et vaniteux, ne donnent ce partage et cette jouissance que parce qu'ils en attendent du retour.

La pauvre madame Céline, que je ne veux vous indiquer que par son nom de baptême, dans la crainte que vous ne la rencontriez dans le monde, ne comprend certes pas la dignité comme nous la comprenons, vous et moi, me dit Mme Balmier ; elle met tout son honneur, tout son bonheur, à ce qu'on la voie avec des gens riches et à ce qu'on la croie de leur monde.

Que lui importe le reste?

Et cependant que de tristesses on découvrirait dans ces positions anormales, si les cartes se retournaient et si l'on pouvait en apercevoir le dessous !

— Que de misères, de privations inconnues il faut s'imposer pour arriver à avoir un costume à peu près présentable, au milieu d'un luxe dont on ne peut approcher !

Après avoir parcouru péniblement les magasins pour y trouver quelques étoffes à demi défraîchies, mais faisant encore de l'effet, et qu'elle achète à moitié du prix d'une étoffe fraîche, madame Céline se lève le matin à l'heure où tous les autres reposent, pour confectionner elle-même les vêtements qui doivent avoir l'air de sortir de chez les plus grands faiseurs.

Mais personne n'y est trompé qu'elle-même ; et si, bien souvent, l'on rit malicieusement de cette pauvre défroque, qu'elle est obligée même quelquefois de promener dans des maisons où ses illustres hôtes pourraient reconnaître leurs propres vêtements mis hors d'usage; on en rit moins peut-être à cause de la pauvreté de la position qu'ils connaissent, que des prétentions ridicules qu'ils ne mettent que trop à jour.

On ne rira jamais d'une simple robe de laine, vaillamment et franchement portée par une femme sans fortune qui ne peut avoir une riche robe de brocard ; tandis que l'on rira peut-être de la robe de brocard, si elle se trouve, en quoi que ce soit, en désharmonie avec le reste du costume, avec les habitudes, ou avec l'apparence de la femme qui s'en affuble sans en être parée.

Cela ne veut cependant pas dire, d'une façon absolue : « Si vous êtes vous-même, sans fortune, n'ayez jamais de relations avec les gens riches. » Non, aucune question, je crois, ne peut avoir cet absolutisme, mais comme madame Céline, il ne faut pas rechercher les personnes dans une position beaucoup plus fortunée que celle à laquelle on appartient.

Il y a, parmi les gens à grande fortune, des gens de grand esprit, qui ne regardent leurs richesses que pour ce qu'elles valent, et qui ne leur demandent pas une valeur qu'ils savent trouver autrement en eux-mêmes.

Ceux-là ne savent pas si vous êtes riches ou pauvres ; ils ne s'en informent pas, parce que là n'est pas la chose qu'ils recherchent en vous ou bien qu'ils vous demandent. Pour eux, vous êtes un égal, un supérieur même quelquefois, si votre savoir, votre intelligence votre amabilité même, vous

mettent au niveau de tous et de toutes les positions.
— Ceux-là alors sont de ce monde sélect, au milieu duquel on est toujours heureux et fier de se trouver ; mais ils n'attendent pas que vous alliez à eux, en humbles et en petits ; ce sont eux qui viennent à vous, en vous tendant la main pour vous aider à gravir les échelons qui vous séparent d'eux.

N'allez donc que vers ces mains tendues, si vous êtes en bas, et tendez-les vous-mêmes, si vous avez le bonheur de vous trouver vers les hautes cimes, où tous veulent arriver.

XXIII

IGNORANCE ET VANITÉ

Choix de cadeaux pour Noël et le premier Janvier.

Il n'y a vraiment rien de risible et de grotesque comme une personne qui croit tout savoir, d'autant plus risible et grotesque que, généralement, ce sont des personnes absolument ignorantes qui ont ce très aimable défaut. Les autres savent trop, pour ignorer qu'elles ne savent pas grand'-chose.

Nous venions, après une promenade assez longue qui nous avait fatiguées, madame Balmier et moi, de nous asseoir sur des chaises sous un arbre du jardin du Luxembourg, lorsque nous fûmes rejointes par un jeune couple, mari et femme que connaissait madame Balmier, et qui nous demandèrent la permission de s'asseoir auprès de nous. Ils étaient accompagnés par un jeune homme d'une vingtaine d'années, parent de la jeune femme; elle nous le présenta avec une sorte d'orgueil, comme une gloire de sa famille, car le jeune homme nous dit-elle, écrivait dans un journal, où il faisait du reportage, ce que nous sûmes plus tard.

Nous avions ce jour-là, malgré le froid qui était assez vif depuis quelques jours, une belle après-midi bien ensoleillée qui nous fit prolonger notre séjour dans le beau jardin où nous étions assis. — C'était l'avant-veille de Noël et tout naturellement la conversation tomba sur la fête, sur cet arbre de Noël qui, depuis quelques années, a pris, paraît-il, en France une très grande importance pour tout le petit monde joyeux auquel il apporte tant de cadeaux.

On en arrive même, d'après ce que j'ai compris, à en faire aux grands aussi ce jour-là, sans que ce soit au détriment, bien entendu, de ceux du premier janvier. Cela devient une surcharge pour ceux qui ne savent ou ne veulent pas s'en dispenser.

Madame Balnuer, sollicitée par mon regard toujours interrogateur, allait prendre la parole pour nous donner à cet égard les explications que je désirais, lorsque notre jeune journaliste, comme l'appelait sa cousine, s'en empara avec l'autorité d'un homme qui *sait*, et se mit à nous débiter toutes sortes d'histoires sur les origines des cadeaux de Noël et du premier janvier, histoires que j'aurais pu prendre pour des vérités si je n'avais vu un malicieux sourire errer de temps en temps sur les lèvres de mon amie. Puis enfin, le jeune garçon déclara que tous ces cadeaux n'étaient que le résultat de la bêtise humaine, et qu'il valait mille fois mieux garder son argent pour soi que de le gaspiller ainsi pour les autres.

— Cependant, il y a des obligations de cœur et de convenances auxquelles vous ne pouvez vouloir échapper, lui dit madame Balmier. Une mère par exemple, quoiqu'elle sache très bien que toutes les histoires du soulier de Noël ne sont qu'une délicieuse poésie, ne se refusera pas le bonheur de mettre une poupée ou un petit jouet masculin dans le mignon soulier déposé dans la cheminée.

— Bêtise ! reprit le jeune homme.

— Et le grand'père, la grand'mère, qui font forcément des économies parce qu'ils n'ont plus pour eux aucun besoin dépensier, appelez-vous aussi bêtise le sentiment qui les porte à donner, à Noël ou au jour de l'an, le surplus de leurs dépenses aux petits et aux jeunes qui sauront en jouir ?... Appellerez-vous sottise le sentiment qui portera un homme non marié et qui ne peut recevoir lui-même, à offrir un cadeau, fleurs, bonbons ou bibelots, à la maîtresse de maison chez laquelle il aura été reçu dans le courant de l'année ?

C'est une chose due cependant, comme elle l'est pour les maîtres de récompenser, ce jour-là, les services du domestique ou de tout autre serviteur qui lui aura montré du dévouement pendant les douze mois qui viennent de s'écouler ?

Le jeune homme ne répondait rien; mais un léger haussement d'épaules, qu'il ne sût pas dissimuler, m'indiqua clairement que le dédain seul l'empêchait de réfuter d'aussi piètres idées.

Cela permit à madame Balmier, qui sembla dès lors ne plus parler que pour nous, de continuer ses instructions sur les cadeaux de Noël et du premier janvier.

— Il ne faut pas, nous dit-elle, faire indistinctement le même cadeau à tous, à une personne riche comme à une personne pauvre. Si vous n'y êtes pas obligés, évitez les cadeaux aux personnes riches; et si vous devez le faire, ne leur offrez que des inutilités; fleurs rares, bibelots de luxe, etc., etc. A une personne sans fortune, mais pouvant satisfaire tous ses besoins, un objet de fantaisie que vous savez lui être agréable et enfin à celle qui est pauvre, et qui n'a pas la prétention de le cacher, donnez un objet utile, soit à la toilette, soit au ménage ou à la maison.

— Il est souvent bien plus difficile de donner que de recevoir, tant il faut apporter de tact dans le choix des cadeaux à offrir. — Une chose absolument essentielle à observer est l'enlèvement du prix de l'objet que l'on veut offrir; rien ne serait plus blessant pour une personne qui a la délicatesse que donne le savoir-vivre, de penser que l'on veut lui faire savoir combien on a dépensé pour elle.

— Parbleu, moi j'aimerais autant le savoir, dit le jeune homme, parce que si la chose en question ne me convenait pas, je la rapporterais au magasin pour en avoir la somme; ça vaut mieux à mon avis que tous les bibelots du monde!...

— Vous seriez tout simplement un mal appris, monsieur, ne put s'empêcher de lui dire madame Balmier, irritée de ce manque de savoir-vivre.

Après un instant, elle continua :

— Lorsque le cadeau est apporté par la personne même qui le fait, il faut montrer un grand empressement à défaire le papier qui l'enveloppe ; et, qu'il nous plaise ou non, nous devons montrer la même reconnaissance et la même joie de le recevoir, ce n'est pas le cadeau où la valeur qu'il représente qu'il faut considérer; mais bien l'intention du donateur de nous être agréable.

En général, lorsque l'on fait un cadeau, de premier de l'an ou autre, on n'attend pas que la personne à laquelle il est destiné vienne le chercher elle-même en faisant sa visite de nouvel an, il est de meilleur goût de le lui envoyer ; mais il n'en n'est pas ainsi avec les grands parents. Ils doivent attendre votre visite pour vous faire le cadeau qu'ils vous réservent, car cette visite est obligatoire dès les premières heures de la journée du premier janvier.

— Dieu ! Que vous vous entendez à faire une vie *embêtante!* s'écria le jeune homme bien appris.

— Une vie n'est jamais ennuyeuse répondit madame Balmier, évitant intentionnellement d'employer la même expression que son interlocuteur, lorsqu'elle est basée sur les besoins de notre cœur et sur le désir que nous avons d'être agréable aux autres ; c'est là, monsieur, qu'est tout le savoir-vivre et je vous crois assez jeune encore pour écouter votre cœur et pour rejeter toutes les idées fausses que vous venez d'émettre.

Il y eut un moment de silence. Tout le monde semblait un peu réfléchir...

Enfin, nous nous séparâmes, aussi cordialement que possible, et je suis venue écrire, moi, mes dernières impressions.

XXIV

ORDRE ET HARMONIE

Un vieux ménage.

... — Je viens de recevoir la visite de deux vieux amis que, depuis bien longtemps, j'avais perdus de vue, me dit ce matin madame Balmier en entrant chez moi; j'ai été si heureuse de les revoir et de les revoir heureux, que je ne puis résister à la joie de vous conter l'histoire si simple de leur mariage et de leur bonheur, elle tiendra bien sa place dans la série de portraits que vous collectionnez pour votre album.

Mes deux vieux amis représentent le plus joli type de mariage qu'il soit possible de rêver. Quoiqu'ils aient passé l'âge de l'amour, ils s'adorent toujours comme deux amoureux et leur candeur et leur simplicité sont telles qu'ils ne sauraient comprendre que l'on puisse s'en étonner. Je vais tout simplement vous les expliquer par eux-mêmes, en vous racontant la façon dont le mari s'y est pris pour connaître, avant son mariage, le caractère de la femme qu'il désirait épouser.

Ses parents avaient arrangé pour lui un très riche mariage, qu'il avait accepté sans déplaisir et sans enthousiasme. C'était un homme pratique, que son bonheur futur intéressait beaucoup et préoccupait un peu. Il désirait chez sa femme une sérénité d'âme et des habitudes calmes qui, avait-il remarqué, ne se rencontrent qu'avec l'ordre intérieur dans la vie intime... Comment la découvrir cette qualité désirée, dans ce salon régulier, où il était toujours reçu et qui pouvait ne tenir son arrangement que des domestiques ?

— « Je me suis arrangé de façon, nous a-t-il raconté en riant, à pouvoir, sous un prétexte longtemps cherché, entrer dans la chambre de ma future, sans que personne se doutât le moins du monde du motif qui m'y conduisait. J'avoue que la désillusion fut poignante et terrible ! Les chaises et les tables, encombrées de mille objets étrangers les uns aux autres, la cheminée, les meubles en tout genre, offraient cet aspect déplorable qui attriste le cœur et donne la plus pauvre opinion de l'habitante d'un tel logis. Tout y avait cette respectable couche de poussière qui annonce qu'on a peur de déranger les meubles dans leur indolence. Un travail commencé traînait sur une jardinière dégarnie où, par son manque de fraîcheur et de propreté, il remplaçait, sans trop les faire oublier, les fleurs fanées que la propriétaire de la chambre n'aurait pas manqué d'abandonner au hasard.

Cependant cette chambre renfermait tout ce qui aurait pu en faire la plus élégante des demeures; trop élégante même à mon avis. Le lit et la croisée avaient des rideaux de soie bleue, recouverts de mousseline blanche; et un tapis blanc et bleu, assorti aux meubles de mêmes nuances couvrait le parquet, et était lui-même tout parsemé de petites choses sans nom, beaucoup plus encombrantes que commodes.

Il y avait évidemment là luxe voulu, et misère apportée par le désordre et par l'incurie.

« Le lendemain de cette visite, je trouvai un prétexte pour rompre un mariage qui, je le sentais, ne pouvait que me rendre malheureux.

— J'ai renouvelé l'épreuve... La chambrette de ma Fanny, qui était la fille aînée d'une famille peu fortunée, n'avait que des meubles des plus simples, mais ils étaient si jolis, si brillants, si bien tenus, si harmonisés entr'eux dans ce modeste et chaste *at home* de jeune fille, que j'ai compris que celle qui savait l'embellir ainsi serait la plus aimable et la plus intelligente des compagnes...

« Et je ne me suis pas trompé, je vous en réponds, ajoute toujours le vieillard lorsqu'il raconte cette histoire, qui semble être une des gloires de sa vie, et qu'il jette, en même temps, un regard de mystérieux bonheur vers sa vieille compagne, dont le sourire, aussi bon qu'il est affectueux, lui répond toujours avec sympathie.

— Et qu'est devenue votre première fiancée ? demandai-je au vieillard. La figure si joviale du bonhomme prit une sombre teinte de tristesse.

— Un de mes plus chers amis, que la jolie figure et la riche dot de mademoiselle J... avaient tenté, se mit à rire de mes conseils lorsque je cherchai à le détourner de ce mariage... Ils sont morts tous les deux depuis longtemps dans la misère et dans la honte... Homme délicat et honnête, le pauvre mari a été entraîné dans une faillite désastreuse par les dépenses folles et inconsidérées d'une femme qui ne savait ni diriger sa maison, ni en arrêter les gaspillages. Il n'a pu supporter le déshonneur commercial, et il a été, peu de temps après, emporté par une méningite. Sa femme s'est éteinte quelques années plus tard, misérablement, chez des parents charitables qui l'avaient recueillie, et leurs deux enfants, une fille et un garçon, mal élevés, ont trouvé à grand peine de petites positions, qui leur donnent bien juste de quoi ne pas mourir de faim.

C'est que tout se tient dans la vie, le côté moral et le côté physique, et la femme qui porte sans ennui une robe déchirée ou une ceinture frippée verra aussi sans préoccupations agissantes la ruine de sa famille et de ses espérances de bonheur. Voilà pourquoi le portrait de mademoiselle J... est un de ceux que j'ai consignés dans mes notes, comme un exemple et comme une leçon.

XXV

LA FEMME QUI FAIT FAUSSE ROUTE

... Mon Dieu, qu'elle était amusante cette jeune dame de la province que j'ai rencontrée l'autre jour, aussi dans un salon, comme la première. Je suis malheureusement obligée d'établir là plutôt qu'ailleurs mes centres d'observation. Elle venait de se marier et faisait en ce moment un voyage de noces. La dame chez laquelle je l'ai rencontrée était une amie de sa mère, et madame Louise D... s'était crue obligée, pour lui faire une première visite, de se couvrir de tous les joyaux et de toutes les splendeurs que contenait sa corbeille.

Dame, jugez donc, une visite de nouvelle mariée dans un salon parisien, où elle pouvait rencontrer des femmes de députés et des académiciens ! Il fallait bien faire honneur à son pays, et que, académiciens et femmes de députés, en sortant du salon de madame B., emportassent une très haute idée de cette jeune provinciale qu'ils y avaient rencontrée !

Cela n'eût pas manqué d'arriver si l'on avait jugé de la valeur de la jeune femme par l'aplomb sans pareil qu'elle apportait au milieu de personnes appartenant non seulement au monde élégant; mais plus encore à celui où l'on s'occupe brillamment des choses de l'intelligence.

Louise D... était, et elle ne nous le laissa pas longtemps ignorer, une riche héritière de la petite ville où son père était notaire (madame Balmier voulut bien m'apprendre ce que c'était qu'un notaire, chose que j'ignorais absolument, quoique je fusse déjà depuis d'une année à Paris). La jeune fille, très recherchée et encensée par toutes les familles du pays, où il y avait quelque fils ou quelque frère à marier, s'est figuré tout naturellement qu'elle était supérieure à toutes les femmes qui l'entouraient et de là, naturellement aussi, une pose qui ne pouvait faire d'elle qu'un être absolument ridicule.

C'est du moins l'effet qu'elle m'a produit au milieu des parisiennes, si simples en général, lorsqu'elles sont bien élevées.

Madame Louise D..., dont le beau-père est, je crois, conseiller général de l'arrondissement qu'elle habite, croit être pour cela une illustration incontestable et incontestée ; elle habite une maison assez belle, servie par un jardinier domestique et une cuisinière, ce qui lui permet de dire: *mes gens.* Il y a dans la maison des chevaux nécessaires à l'exploitation, ce qui a permis d'avoir une voiture pour la conduire au chemin de fer, à la ville voisine ou chez des amis de campagne; et elle s'en autorise pour nous parler de son *coupé* et de ses allures de châtelaine.

Sa robe de noce et celle pour faire ses visites ont été faites à Paris; et Dieu sait combien de fois il nous a fallu entendre les détails, sans cesse remis sur le tapis, des mètres d'étoffes et de dentelles que cette grande couturière, dont personne de nous ne connaissait le nom, mais qu'elle a choisie sur sa réputation, a dû employer pour faire d'elle une élégante de premier ordre.

Elle s'admire elle-même, faisant de temps en temps la roue dans *sa belle robe*, pour mieux se faire admirer des autres. Elle cherche dans sa mémoire tous les noms des habitants des châteaux de son entourage pour nous en parler avec une désinvolture des plus comiques, et nous faire croire qu'elle ne pouvait avoir d'autres relations, et que tout ce qui ne porte pas un titre ou n'a pas au moins une particule devant son nom n'était pas digne d'attirer le moindre de ses regards.

— J'ai cependant connu, lui dit un peu malicieusement madame B..., impatientée, quelques personnes charmantes dans la petite ville que vous habitez, et entr'autres la femme d'un médecin,

16.

ancien ami de votre père, qui me paraissait ne pas mériter d'être dédaignée parmi vos aristocratiques relations. — Sans doute, répondit négligemment Louise D... ; mais cette dame a un grand nombre d'enfants, et les médecins de petite ville ne pouvant jamais faire fortune, il en est résulté que cette famille, trop nombreuse, est restée presque pauvre, tandis que nous, nous sommes devenus très riches, et des relations entre nous ne pouvaient durer qu'en leur créant une position d'infériorité qui ne nous allait pas, et qu'ils n'auraient peut-être pas voulu accepter. Vous comprenez qu'alors nous avons dû laisser de côté cette famille, où toutes les petites filles travaillent comme si elles étaient des ouvrières, et sont mises avec une médiocrité tout à fait déplorable.

On les dit cependant fort intelligentes et même très instruites. — Oui, une instruction donnée par leur père d'un côté, et par leur mère de l'autre ; instruction bâtarde qui fera peut-être d'elles des bas bleus, attachés avec des cordons de la même couleur! Et Louise D..., enchantée du méchant trait d'esprit qu'elle croyait avoir lancé, promena autour d'elle un regard victorieux, qui avait pour but de quêter une admiration qu'elle ne rencontra nulle part. On semblait mal à l'aise en présence de cette jeune femme, dont l'esprit et le cœur étaient si faussés par une éducation de mauvais aloi, qui lui faisait mettre si bas ce qu'elle aurait dû estimer et admirer, tandis qu'elle donnait toute son admiration aux choses puériles et sans valeur.

Elle était jolie, et elle aurait pu être bonne ; elle paraissait intelligente, et ce qu'elle faisait ou exprimait était marqué au coin de la sottise et de la vanité.

— Voilà un type excellent pour vos études, me dit tout bas madame Balmier. Examinez-le soigneusement, et il vous convaincra, une fois de plus, qu'il ne peut y avoir rien beau et de bon s'il n'est accompagné de la simplicité qui en fait le plus grand mérite.

XXVI

CE QU'IL NE FAUT PAS FAIRE

Présentations malencontreuses. — Jeune fille et vieille femme.

Nous venions, madame Balmier et moi, d'entrer chez madame A. de B., chez laquelle nous avions été invitées à passer la soirée, lorsqu'on annonça madame et mademoiselle R.... A l'instant, je vis les lèvres de notre hôtesse se plisser légèrement, et je compris qu'il lui fallait tout son savoir-vivre pour cacher la contrariété qu'elle éprouvait. D'où cela pouvait-il venir?.. Je ne tardai pas à m'en apercevoir...

Madame R... et sa fille n'arrivaient point seules. Elles étaient accompagnées par un monsieur et par une dame qu'elles présentèrent gracieusement, comme leurs amis, à la maîtresse de la maison.

Cela pouvait paraître assez normal aux personnes qui ne connaissaient point madame R...; mais madame Balmier, que mes yeux interrogeaient, me dit en me tirant à l'écart :

— Il y a comme cela dans le monde un tas de gens qui, ne voulant ou ne pouvant pas recevoir chez eux, rendent chez leur amis ou chez leurs connaissances les politesses ou les services qu'ils ont reçus. Madame R... est de ce nombre ; on ne la voit jamais arriver sans qu'elle soit suivie de tous ceux à qui elle veut faire politesse, et qu'elle vous impose ainsi à sa façon.

Je compris alors la demi-grimace de notre aimable hôtesse, à l'arrivée de la malencontreuse madame R...

— Cependant, je croyais que cela pouvait quelquefois se faire ? dis-je à Madame Balmier.

— Quelquefois, sans doute ; mais une personne qui a quelque savoir-vivre doit mettre beaucoup de discrétion à ces présentations ; et, dans tous les cas, à moins que ce ne soit dans un salon officiel, il faut toujours, avant de présenter une personne n'appartenant pas aux relations d'une maîtresse de maison, lui demander préalablement si cette présentation lui est agréable. Est-ce que la personne ainsi présentée ne peut pas déplaire ; et n'obligez-vous pas un maître et une maîtresse de maison à bien recevoir des gens qu'il ne leur convient pas d'avoir dans leur intimité ?

En les prévenant, le mal n'est pas tout à fait aussi grand, car souvent on n'ose refuser cette présentation ; mais enfin il y a atténuation, puisque l'on sait ce qui va arriver, et que l'on peut se préparer en conséquence.

Dans tous les cas, sans exclure ces présentations, qui sont une faculté agréable des lois mondaines, je trouve que l'on doit toujours en être très sobre, et n'en user que chez des amis ou dans des circonstances fort rares.

Je me rappelle m'être trouvée un soir dans une maison que l'on savait fort hospitalière, et qui fut, ce jour-là, presque prise d'assaut par des gens qui avaient cru pouvoir agir comme madame R...

La maîtresse de maison comptait sur trente à quarante personnes, et elle avait pris ses mesures et organisé sa soirée en conséquence.

La première personne qui en présenta une ou deux autres fut d'abord la bien venue, mais une seconde, une troisième, une quatrième présentations, commencèrent par donner un certain effroi à nos hôtes, qui se regardaient d'un air ahuri, en se demandant s'ils n'étaient pas la proie d'une gageure?...

Tout à coup, la porte du salon s'ouvrit, et une dame, qui avait à elle seule deux filles et trois garçons, entra, non seulement suivie de ses cinq enfants, mais de trois autres grands gaillards, qu'elle demanda la permission de présenter... Cela faisait neuf du coup, presque de quoi garnir un salon !

J'avoue que, dans notre coin où nous avions amassé un peu de malice, nous ne pûmes retenir de joyeux éclats de rire, que partagèrent, sans en laisser deviner le motif, nos très spirituels hôtes, qui finirent par prendre très gaiement leur parti de toutes ces adjonctions sur lesquelles ils avaient si peu compté.

Bref, il arriva qu'au lieu de quarante personnes, que l'on pensait raisonnablement avoir, on se trouva soixante-quinze, et que tout l'ordre de la soirée dut être dérangé... Je crois que nos amis en sont restés deux ans sans donner une autre soirée!

Cette petite incartade au savoir-vivre avait tout naturellement attiré mon attention sur la famille qui se l'était permise; et comme une chose mauvaise en amène toujours une autre, je fus plus chagrine que surprise de voir mademoiselle R... s'asseoir carrément dans un fauteuil, non loin de la cheminée, tandis qu'une femme plus âgée, et peut-être trop discrète, n'avait trouvé d'autre place, le salon étant fort rempli, que sur un tabouret de piano, inoccupé en ce moment. Cette jeune fille parlait haut et beaucoup ; elle cherchait évidemment à attirer l'attention sur elle, mais cette attention ne pouvait produire que le plus mauvais effet. Je m'aperçus même qu'elle cherchait à ridiculiser une dame âgée qui employait quelques expressions qui ne sont plus en usage de nos jours.

Évidemment, lorsque l'on va dans le monde, il faut tâcher d'en apprendre le langage, et ne plus parler comme on le faisait au siècle dernier ; mais, lorsque ce cas se présente, la bienveillance que l'on doit apporter dans toutes les relations mondaines, doit nous faire comprendre qu'il ne faut ridiculiser personne, surtout lorsqu'on est jeune et que la personne ridiculisée est un vieillard.

XXVII

UNE FEMME MÉCHANTE

Dénigrement général. — Envie et sottise. — La pauvre
fille contrefaite. — La bonté.

... Il y a donc des femmes méchantes ?... Je ne le croyais vraiment pas, jusqu'à la triste preuve que j'en ai eue en rencontrant madame Adelina V...

Très souvent il arrive que l'on devient méchant par envie. Si cela est chez cette jeune femme, cela provient nécessairement de ce qu'elle envie l'esprit q elle ne possède pas. Je suis tellement convaincue que la méchanceté vient de la sottise, que je serai toujours disposée à en donner le brevet à toute personne que je vois manquer de bienveillance et d'indulgence pour les autres.

Nous étions assises aux Champs-Élysées, nous amusant à voir le défilé des voitures revenant des courses ou du bois de Boulogne. Mme Balmier me présenta une dame, qui me parut n'être ni laide ni jolie, à laquelle elle me présenta aussi à mon tour, ma position d'étrangère me donnant ainsi, à ses yeux, une sorte de supériorité, que savent apprécier toutes les femmes ayant quelque savoir-vivre.

La conversation devint piquante, animée; et, sans en avoir conscience, je m'amusais presque des remarques malveillantes faites par notre nouvelle compagne; lorsque le silence désapprobateur de Mme Balmier me fit apercevoir que je ne m'amusais réellement que de méchancetés plus ou moins bien accentuées.

— Cette toilette est charmante et la femme qui la porte ne l'est pas moins.

— Oui, cela pourrait paraître ainsi; mais nous n'apercevons ni l'habileté de la couturière, ni le maquillage du parfumeur.

— Oh! quelle belle voiture! m'écriai-je, et que j'aimerais à en posséder une semblable!

— A la condition de la payer de la même façon que le fait peut-être la dame qui l'habite? demanda malicieusement madame V...

— Oh! s'écria madame Balmier, je connais cette jeune femme, madame, et je puis vous affirmer que nulle plus qu'elle, n'a droit au respect de tous!

L'autre, sans avoir l'air d'entendre, continua son interminable dénigrement sur toutes les personnes qui passaient devant nous.

Parmi les promeneurs, qui se montraient à pied, tout près des chaises où nous étions assises, nous aperçûmes un groupe, composé d'une dame et de deux jeunes filles, assez jolies, mais mises modestement quoiqu'avec un goût des plus artistique. L'une des deux jeunes filles était contrefaite; une épaule plus haute que l'autre, et une claudication assez prononcée, malgré le soin apporté par la pauvre fille pour la dissimuler, lui donnaient un aspect des plus tristes. En la voyant, je ne pensai qu'à la plaindre, et il me semblait que mes yeux devaient lui dire l'intérêt qu'elle m'inspirait.

Il n'en était malheureusement point ainsi chez notre malicieuse compagne. Il y avait là trop de prise à sa méchanceté, pour qu'elle ne laissât point un libre cours à ses sottes et regrettables plaisanteries. Elles devinrent même si mordantes, et exprimées avec une voix assez haute, que la jeune fille qui en était victime les entendit. C'était évidemment le but de madame Adelina ; à quoi eussent servi tous les traits qu'elle appelait de l'esprit, s'ils n'eussent été frapper sur la personne seule qu'ils pouvaient blesser.

— Et je vis que, comme à plaisir, et pour mieux les savourer, la pauvre disgraciée avait ralenti le pas, et ne perdait pas une parole des méchantes allusions de notre triste compagne.

Tout à coup, cette jeune fille, dont toutes les allures révélaient la bonté, se retourna vivement vers nous. Ses yeux brillaient et ses lèvres étaient tremblantes.

Elle s'approcha de madame V..., et la regarda bien en face :

— Je vous entends depuis un long moment, madame, lui dit-elle; et je n'éprouve moi pour vous qu'un profond sentiment de pitié, car moi j'ai un défaut physique, qui peut se corriger ; vous, vous avez une vilénie morale, dont on ne se corrige jamais.

Et, saluant la méchante femme avec l'assurance qu'elle avait eu le temps de reprendre, la pauvre bossue rejoignit ses deux compagnes, avec lesquelles elle s'éloigna rapidement.

J'ai presque regretté ce départ précipité, tant je me sentais de sympathie pour cette jeune fille à qui l'excès de souffrance morale avait donné le courage d'infliger une leçon si méritée.

Je n'éprouvais certes pas le même sentiment pour madame V..., et je ressentis un étrange bien-être lorsque je pus, sans être impolie, saluer à mon tour notre peu sympathique visiteuse, et entraîner madame Balmier à une autre place.

— Elle n'est pas votre amie, au moins, cette femme que nous venons de quitter? demandai-je avec empressement.

— Je n'aurai jamais d'amie de ce genre, soyez-en sûre, me dit-elle en souriant. On peut rencontrer dans le monde et avoir, comme connaissance de passage, des femmes d'un semblable caractère; mais celle-ci vient de se révéler sous un jour tel que, à partir de ce moment, je l'éviterai avec le même soin que j'apporte à rechercher une personne bonne et bienveillante.

La bonté doit toujours être pour nous la vertu suprême ; elle est au-dessus du savoir et de l'intelligence, et nous devons aimer mieux même l'animal dont le regard nous parle d'affection, que l'être humain dont la langue déchire son semblable.

XXVIII

UNE POSEUSE

Le manque de simplicité en toutes choses.

Faut-il en rire ou s'en lamenter, lorsque l'on rencontre des personnes comme celle dont je vais vous parler? Il ne faut, je crois, rien dénigrer d'avance et suivre ses impressions seulement pour ne pas être comme elle.

Une poseuse, Madame L..., a pris pour pose une manière d'être qui peut être agréable quelquefois, mais qui cesse de l'être lorsqu'elle devient continuelle.

Elle pose pour la femme gaie, d'une gaieté folle, parce qu'elle dit que la vie n'étant qu'une plaisanterie, nous ne devons nous préoccuper et ne nous tourmenter de rien, puisque rien n'a aucune importance.

Et elle promène, de par le monde, cette maxime généralisée, qui la conduit parfois à commettre de cruelles inconvenances.

La première fois que je l'ai rencontrée, nous étions aux obsèques d'un pauvre petit enfant, que la mort venait d'enlever en quelques heures à l'amour maternel.

Il y avait là une de ces vraies douleurs, sans démonstrations, mais d'autant plus poignantes et terribles qu'elles sont plus concentrées. Les personnes réunies autour de la jeune mère s'étaient mises à l'unisson de sa douleur, et l'on ne voyait que des mines tristes ou des visages couverts de larmes.

Au moment où l'on allait partir, Madame L..., qui est une amie de la famille, avec son air dégagé des choses du monde, fit une entrée bruyante qui attira l'attention de tous sur sa personne et sur sa toilette.

L'une était aussi inconvenante que l'autre. Personne ne pouvait rien dire, et personne ne dit rien. C'était un implicite et énergique blâme des airs détachés et gouailleurs de la nouvelle arrivée.

Cela eût suffi pour me faire prendre cette femme-là en grippe, pour employer votre expression française, et je ne pus m'empêcher d'en parler à Madame Balmier, en lui exprimant mon étonnement de rencontrer de semblables allures.

Cette femme n'est point méchante, me répondit mon amie ; mais elle s'est figuré, comme le font beaucoup de gens, qu'il faut avoir un air et une mise à soi.

Pour beaucoup de personnes, avouons que cela tient lieu de mérite.

Elle a probablement longtemps réfléchi à celui qu'elle devait prendre. Serait-elle triste et mélancolique? Cela tente quelquefois.

Mais madame L... a un petit nez retroussé, des joues rosées et les cheveux de ce châtain indécis qui ne donnent aucun caractère à la physionomie. Il fallait donc se tourner d'un autre côté.

L'air gouailleur, détaché de tout, n'attachant surtout aucune importance à tout ce qui est sentiment et peut faire battre le cœur chez les autres, lui parut sans doute le suprême genre pour être *quelqu'un* et toutes ses actions et sa conduite ont, depuis, été dirigées dans ce sens. Madame L..., est connue pour telle, on en parle, on se la montre comme ne ressemblant pas aux autres femmes, et cela suffit entièrement à son bonheur.

— Mais elle doit éprouver quelquefois des désillusions; elle se sent blâmée, désapprouvée, comme elle l'a été aujourd'hui par exemple. Est-ce que vous croyez qu'elle a été satisfaite et heureuse lorsque, se présentant à la triste cérémonie dont nous sortons, elle a vu tous les regards se détourner devant sa mine joyeuse, et sa robe vert clair agrémentée par une capote garnie de roses? Il est impossible qu'elle ne comprenne pas alors le hideux ridicule dont elle se pare, plus encore peut-être que par ses éclatants oripeaux?

— Détrompez-vous, madame L... n'a été ni contrariée ni même ennuyée de ce que vous appelez la réprobation générale ; je dirai même plus, elle en a été enchantée, et, si vous aviez pu lire au fond de sa pensée, il vous eût été facile de la traduire ainsi :

— « Quelle supériorité d'intelligence j'ai sur tous ces pauvres sots, qui ne savent faire que ce que font les autres et marcher dans l'ornière et le sentier battu, parce que les autres y passent ! Est-ce que nous ne devons pas rire de tout dans la vie, et puis-je avoir autre chose qu'un regard de pitié profonde pour tous ces pauvres gens assez naïfs pour prendre ici bas, quelque chose au sérieux. »

— Mais cette pensée, ainsi exprimée, ne peut nous représenter que le plus sot de tous les arguments.

— Et sans doute, est-ce que la pose est autre chose que de la sottise ?

Pour tous les gens sensés, elle sera toujours le criterium auquel on la reconnaîtra. Vous ne la trouverez jamais, cette pose, chez les intelligences réellement élevées.

L'homme ou la femme qui pensent, ont bien autre chose à faire qu'à regarder par le petit bout de la lorgnette quel est l'effet que leur poing posé sur la hanche, ou leur pied, chaussé d'un soulier à rosette, produit sur la galerie.

— Et vous concluez ? — Je conclus que la pose, celle qui enlève la simplicité et la spontanéité des allures et des expressions de la pensée, est un des défauts de notre société moderne, auquel nous devons le plus chercher à échapper. Supposez un moment que nous devenions tous des poseurs, les uns dans un sens et les autres dans un autre; comprenez-vous quelle serait la singulière société que nous arriverions à former? J'ai connu une dame qui, lorsqu'elle recevait une visite, ne manquait jamais de s'excuser sur son costume, même lorsqu'elle était surprise et n'attendait personne. C'est là une pose bien fréquente et qui vous paraît bien innocente, n'est-ce pas ? Eh bien, c'est une de celles qui annoncent le moins d'intelligence chez celles qui la pratiquent.

Quelques autres femmes affectent des frayeurs qui ne peuvent être naturelles, à la vue de certains animaux ou de certaines choses, qui leur portent sur les nerfs, de façon à les rendre complètement nerveuses. D'autres joueront l'ingénuité, même à un âge où il n'est plus permis d'être une ingénue, etc., etc.

Puisque vous écrivez vos impressions, ma chère amie, dites surtout pour vos compatriotes qui veulent chercher à nous imiter, qu'elles se gardent absolument de toute pose, et que, même en France où ce défaut-là devient si fréquent, on ne trouve une femme réellement distinguée, que lorsqu'elle joint le plus complet naturel à un grand esprit de bienveillance.

XXIX

UNE FEMME GRINCHEUSE

Certains détails de la table et du couvert. — Changements sur le passé. — Service.

— Madame est servie, dit, en ouvrant la porte du salon, le domestique faisant fonction de maître d'hôtel.

— C'est bien utile, toutes ces cérémonies-là, dit à demi-voix une dame d'une quarantaine d'années, qui se trouvait à quelques pas de moi.

— Mais oui, madame, c'est utile, lui dit en souriant son voisin, en lui présentant le bras pour la conduire à la salle à manger.

— Et tout ce luxe de table, tous ces verres, au nombre de quatre ou cinq, toutes ces fleurs qui changent en parterre une table où l'on vient s'asseoir pour manger, et où l'on ne trouve qu'à voir et à sentir, tout cela vous semble-t-il aussi utile, monsieur?...

— Certainement, madame, et je suis certain que vous le comprenez tout aussi bien que moi. Pour bien dîner, il faut avoir le cœur gai, et qu'est-ce qui peut le mieux nous disposer à la gaieté que la vue des fleurs et de ces cristaux étincelants, de ce linge si fin et si brillant qu'on le dirait tissé pour passer dans un anneau de fée, de cette argentine aux blancs reflets, où semble se jouer la lumière des candélabres?

— Ah oui ! voilà encore une de vos modes nouvelles, des candélabres qui prennent, sur la table, la place des hors-d'œuvre qu'on n'y met plus, au lieu de nos bonnes vieilles suspensions, comme nous en avions il y a quelques années, et avec lesquelles la table était magnifiquement éclairée.

Pour cela, je suis peut-être un peu de votre avis, madame, répondit l'interlocuteur ; mais il nous faut quelques changements, et quand ils ne sont pas plus désagréables que ceux-là...

Ici, entraînée moi-même par mon conducteur à un autre bout de la table, je perdis la suite de la réponse ; mais je ne fus pas peu étonnée lorsque, quelques instants après, je vis la dame grincheuse échanger sa place, qui ne lui convenait pas, parce qu'elle était trop près d'une croisée, contre celle d'une autre dame, qui se trouvait dans mon voisinage.

Ces changements-là se font rarement, ils dérangent souvent les combinaisons de la maîtresse de la maison ; et il avait fallu les plaintes extrêmes de la grincheuse, qu'un imperceptible courant d'air dérangeait, pour que ma voisine offrît gracieusement un changement, qui fut accepté d'un air assez peu aimable.

Quoique le voisinage qu'il m'apportait ne fut pas des plus désirables, je le vis cependant avec une certaine satisfaction. J'allais encore pouvoir entendre et étudier la grincheuse.

Cela ne tarda pas.

— Encore vos changements ! s'écria-t-elle. Autrefois on mettait le couteau, la cuillère et la fourchette, tous à la droite du dîneur. Ah ! bien oui ! Aujourd'hui, pour que le couvert soit bien mis, il faut que mademoiselle la fourchette laisse ses compagnons, et soit mise, toute seule, à la gauche de l'assiette !

« Quand j'étais jeune, on servait aussi la soupière sur la table ; aujourd'hui cela ne se fait plus. Le potage est servi dans chaque assiette avant l'arrivée des convives, et il a perdu de sa chaleur lorsque l'on veut l'avaler. Et puis, pourquoi ces menus écrits placés devant chaque convive, avec son nom derrière ?

« Ne nous semble-t-il pas que tout cela soit fait pour enlever à ce dernier toute la surprise du dîner ? Dans tous les cas, cela manque de bonhomie et l'amphytrion semble vouloir faire parade de ce qu'il vous offre, et n'a souvent que des noms pompeux.

« Ne semble-t-il pas aussi que nous sommes

destinés qu'à ne nous nourrir de sel et de poivre, en voyant toutes ces petites salières placées entre les convives ?

— Mais madame, on peut aimer les mets un peu épicés, et se trouver enchanté d'avoir ainsi le moyen de satisfaire ce goût, reprit le vieux monsieur. Je trouve cela, au contraire, d'une bonne hospitalité.

— Allons donc, de mon temps on salait et on poivrait à la cuisine, et une seule salière, bien garnie, suffisait alors pour toute la table.

«.Et votre manie de changer de fourchette et même de couteau à chaque plat nouveau, croyez-vous que cela soit aussi bien commode ? Cela fait des complications de service impossibles quand on n'a pas une énorme quantité d'argenterie, et pas douze domestiques à son service.

— Aussi, madame, ce détail luxueux n'est-il pas imposé comme une nécessité, excepté cependant après le poisson ; c'est un agrément facultatif, que l'on est libre d'offrir, seulement quand on le peut.

— Oui, vous ne comptez pas avec la sottise et la vanité, qui veulent toujours ce qu'elles ne peuvent pas, et qui conduisent à la ruine et à la misère !

— Certainement, ce que vous dites-là est juste, madame, mais cela peut s'appliquer à tout, et devrait alors nous éloigner de tout luxe, quand nous devons l'aimer, au contraire, chaque fois que nous pouvons nous le procurer. Ainsi, lorsque l'on a un domestique habile et sachant découper, il est d'usage de présenter sur la table la pièce entière qui va être servie, et de la laisser découper en dehors, sur une table de service, d'où elle sort pour être présentée à la gauche de chaque convive, par un autre domestique ; mais cela ne veut pas dire que, lorsque l'on a peu de serviteurs, pas assez habiles, le maître de la maison ne doive pas découper lui-même sur la table les pièces de résistance qui, remises au domestique, sont présentées de la même manière aux convives.

Tout cela est affaire d'appréciation, et l'on doit toujours avoir la raison d'agir suivant sa position et non suivant la position des autres personnes chez lesquelles on est reçu. Il n'y a de nécessaire que les choses qui, sans imposer aucun devoir onéreux, sont cependant agréables. Ainsi, on ne doit jamais servir le fromage sur la table, l'odeur pouvant en être desagréable à quelques personnes.

— Cependant, monsieur...

— Non, ne critiquez pas cet usage, il est convenable et chacun peut se servir à sa guise, puisque le fromage est présenté aux convives, toujours à gauche, par un domestique.

« Vous voyez aussi que l'assiette de dessert contient un petit couvert et deux couteaux, l'un à lame d'acier, l'autre à lame d'argent, pour peler les fruits. Vous critiquez encore cela, n'est-ce pas ?

— Oh ! j'en réponds ! répondit ironiquement la grincheuse.

— Eh bien, madame, je connais un grand nombre de maisons, où l'on reçoit très honorablement, et où l'on ne met qu'un couteau pour le dessert, et je vous assure que l'on n'y dîne pas moins bien. Vous voyez donc que vous n'avez rien à critiquer chez ceux qui le font, parce qu'ils peuvent le faire, et trouver bien que tous ne le fassent pas. La morale du vieux monsieur continua sur ce ton jusqu'au moment où on se leva de table pour aller prendre au salon le café et les liqueurs, et je fus ainsi séparée de la dame grincheuse, que je n'entendis plus.

XXX

LES ÉTRENNES

Usages, cadeaux, facteurs, domestiques, visites et étiquette du jour de l'an. — Une histoire d'étrennes

A mesure que le temps s'écoule et que je vois le moment où il me faudra retourner dans mon cher pays, je deviens de plus en plus avide de connaître tout ce qui concerne les usages français, et c'est avec joie que je viens d'y passer un jour de premier janvier, afin d'en conserver le souvenir, après en avoir connu les usages.

A peine étais-je éveillée le matin, que ma femme de chambre, après m'avoir présenté elle-même ses souhaits, que j'ai dû lui rendre, a reçu le cadeau que je lui destinais, et que tout maître est obligé, suivant sa position, de faire à ses domestiques. Les uns donnent de l'argent, d'autres des objets de toilette que l'on doit, autant que possible, choisir parmi les choses utiles.

Il ne faudrait pas, en cette occasion, faire don de vêtements ayant déjà servi, ce ne serait pas regardé comme un présent de nouvel an. Une simple robe en laine, en pièce, ou tout autre objet, même de moindre valeur, sont préférables pour le cadeau du premier janvier.

En entrant, ma camériste déposa sur ma table de nuit une cinquantaine de cartes, envoyées par toutes les personnes dont j'avais fait la connaissance à Paris, sans y comprendre celles des personnes qui devaient se présenter elles-mêmes dans la journée, soit pour me faire une visite de quelques minutes, soit pour remettre elles-mêmes leur carte chez moi.

Il y avait, en même temps, des almanachs de tous les facteurs, postes, télégraphes, etc., qui avaient eu le temps de nous connaître, depuis près d'une année que nous sommes à Paris.

Toutes ces prévenances ne sont pas autre chose que la demande déguisée d'un présent pour les étrennes. Tout le monde le sait, et l'on doit, autant que possible, se montrer généreux pour ces humbles travailleurs qui nous ont rendu tant de services pendant le cours de l'année.

Tout le monde le comprend si bien ainsi, que l'on sait, qu'à Paris, les étrennes des facteurs dépassent de beaucoup la modeste somme qu'ils reçoivent comme appointements.

J'ai dû aussi allouer à mes domestiques une somme à distribuer à tous les travailleurs de la rue, balayeurs, vidangeurs, etc., etc., qui, eux aussi, viennent frapper à votre porte et vous porter leurs vœux de nouvel an, dans les jours qui ont précédé le premier janvier.

Puis, vient le tour du concierge, à qui il ne faut pas ménager sa générosité — sous peine de représailles pendant le reste de l'année.

Après avoir déjeuné et fait sa toilette, on se rend au salon, où commence le défilé des visites obligatoires.

Moi, j'en ai peu à recevoir; mais les gens qui appartiennent au monde officiel, ceux qui donnent des fêtes, des dîners, rencontrent quelquefois une rude journée dans celle du premier janvier.

Il est donc du plus exact savoir-vivre, pour ceux qui sont obligés à ces visites, de les faire aussi courtes que possible, comme une obligation que l'on ne veut pas rendre gênante.

Les personnes qui restent chez elles le premier janvier pour recevoir, font elles-mêmes ensuite leurs visites dans les premiers jours de l'année.

Les jeunes hommes sont surtout tenus à faire ces visites, autant que possible le premier janvier.

Dans les maisons où ils ont reçu quelques politesses, ils doivent offrir suivant leur position et suivant celle de la maîtresse de la maison, un bibelot de valeur, un sac de bonbons, sortant des magasins en réputation, ou un simple bouquet de fleurs naturelles.

On tient tellement à l'étiquette, à Paris, que la

chose la meilleure et la plus belle, offerte sans nom célèbre dans l'art dont la chose fait partie, est rejetée avec dédain, non pas apparent, lorsqu'on a affaire à une personne qui sait vivre, mais qu'il est facile de deviner parfois sous une légère et fine ironie. Oh ! les parisiens comme ils ne tiennent qu'à la surface !

Voici une petite histoire très véridique, arrivée le jour du premier janvier, qui, en couvrant de ridicule un très parfait homme du monde, vous prouvera la vérité de l'attache que l'on a ici à l'étiquette.

Un jeune homme riche, appartenant à ce high life de bon aloi qui ne tient ni aux grands titres, ni aux grandes fortunes, avait pour domestique un bon Saintongeois, qu'il s'était attaché dans l'un de ses voyages, mais qui avait beaucoup plus de dévouement pour son maître que de connaissances en habitudes parisiennes, et d'appréciation des convenances.

Le jeune homme, ayant été beaucoup fêté dans le monde, et ne voulant pas porter lui-même à destination les sacs de bonbons, qu'il destinait aux maîtresses de maison chez lesquelles il avait été reçu toute l'année, remit un billet de banque au pauvre Jocrisse, auquel il donna le nom du plus illustre confiseur de Paris, en le chargeant d'y prendre autant de sacs illustrés et authentiques, qu'il y avait de noms sur une liste qu'il lui remit.

De plus, le domestique était chargé, après achat fait, de porter les sacs, avec carte du donateur, à chacune des adresses qui suivaient les noms indiqués.

Le domestique se rend aussitôt chez le confiseur désigné, et demande le prix des sacs qu'il devait acheter. Il s'aperçoit alors que le billet de 500 francs qu'il avait reçu, et qu'il touchait de temps en temps avec respect dans sa poche, passerait tout entier dans ces achats d'inutilités ! Il se rappela alors qu'il avait aperçu, chez un épicier, des bonbons très jolis, représentant tous les légumes de la création, ne se vendant que vingt-quatre sous la livre, et qu'en les mettant dans un beau sac de papier rouge et doré, cela ferait tout autant d'effet que les bonbons aristocratiques, et qu'il forcerait ainsi son maître à une économie raisonnable, dont celui-ci ne pouvait que le remercier plus tard.

Là-dessus, le brave serviteur court chez son épicier, s'y fait confectionner une vingtaine de sacs, où des petites carottes roses et de délicieux petits navets ravissaient ses yeux éblouis; et, fourrant dans chacun d'eux une carte de son bon maître, il courut les déposer chez toutes les belles dames à qui celui-ci voulait faire politesse.

Puis, se frottant victorieusement les mains, il remit, dans un tiroir où il savait que son maître les retrouverait, les neuf dixièmes de l'argent qui lui avait été confié. — Le lendemain, quand le maiheureux jeune homme se présenta pour faire ses visites, il trouva quelques portes fermées, et dans les maisons où il fut reçu, l'accueil fut si ironique, qu'il revint chez lui tout décontenancé et se demandant quelle pouvait être la cause de cet échec.

Quelques jours après, il fut même invité à dîner dans une des maisons mystifiées, et, entre soi, car il n'y avait d'autre étranger que lui, on servit comme hors-d'œuvre les jolis petits légumes envoyés par lui...

Le pauvre garçon n'y comprenait rien, lorsque tout finit enfin par s'expliquer.

Sa colère fut telle qu'il mit à la porte le malheureux et coupable domestique; mais il ne se relèvera jamais lui-même du ridicule qui est tombé sur lui, et qui, pour une pareille misère, brisera peut-être son avenir.

Oh ! ces parisiennes!

XXXI

VIEILLE FILLE

Pauvre fille jouant le rôle de fillette. — Désillusion.

Je m'étais sentie assez indisposée pour ne pas sortir ce jour-là ; mais pas assez cependant pour ne pas recevoir et me donner, sans que cela dérangeât personne, toutes les petites chatteries autorisées par la maladie.

J'étais donc au coin du feu, dans ma chambre, où je ne recevais que mes amies les plus intimes, lorsque ma femme de chambre me remit une carte, portant un nom que je connaissais, sans avoir jamais vu la personne qui le portait. On me dit que la dame qui l'avait remise insistait pour me voir, quoiqu'on lui eût appris que j'étais légèrement indisposée.

Je vis aussitôt entrer une jeune femme, qui me parut avoir de trente à trente-cinq ans.

Mais si son visage et sa tournure semblaient marquer cet âge, sa pose, sa manière d'être, et surtout son costume, annonçaient une toute jeune fille, de dix-huit ans à peine.

Après l'avoir fait asseoir, et m'être informée

avec politesse du motif qui me procurait le plaisir de recevoir sa visite, je me mis à examiner avec une curiosité intéressée le curieux type que j'avais sous les yeux. La carte qui m'avait été remise portait : madame R..., et, au-dessous, écrit à la main et au crayon, comme on le fait pour les jeunes filles, mademoiselle Pauline R...

J'étais donc en présence de mademoiselle Pauline.

— Maman, très souffrante, n'a pu venir elle-même vous faire sa visite pour vous inviter à la vente où je dois être vendeuse, madame, et elle m'a envoyée, à sa place, accompagnée par sa femme de chambre. Cette phrase était dite avec un petit ton enfantin, tellement plaisant dans la bouche de celle qui la prononçait, qu'il me fallut une véritable force sur moi-même pour ne pas éclater de rire.

Cette femme, cette demoiselle, dont quelques cheveux grisonnants et les traits accentués annonçaient bien la trente-cinquième année, était habillée avec une petite robe à la vierge, bleu électrique, n'ayant pas une longueur qui dépassât celles des très jeunes filles. Son chapeau rond, à larges bords, eût été fort convenable s'il eût été orné comme celui d'une jeune femme; mais il avait ce je ne sais quoi qui vise à l'enfant, ce que, du reste, marquait toute la personne.

Il me sembla, cependant, que mademoiselle

Pauline R... n'était pas tout à fait sotte, et je voulus l'intéresser et la mettre à l'aise en lui parlant d'art et de littérature, ces deux éléments où les femmes peuvent si abondamment puiser pour leurs entretiens ; mais, aux premiers mots que j'essayai dans cette voie, je vis mademoiselle Pauline rougir et baisser modestement les yeux.

— Je n'ai point lu les livres dont vous me parlez, madame, reprit-elle, comme si elle n'osait entendre de pareilles monstruosités, et maman pense qu'une jeune fille ne doit point aller dans les théâtres, où l'on joue de si mauvaises pièces, ni dans les musées, où l'on expose des choses qu'une femme bien élevée ne peut regarder sans frémir.

— Je suis de votre avis, mademoiselle ; et d'une façon générale, j'aimerais mieux que livres, journaux, théâtres et musées, ne méritassent pas trop souvent la réprobation que vous attribuez à madame votre mère ; mais nous sommes bien obligées de vivre avec les mœurs et les habitudes de notre époque, et je ne comprends les abstentions dont nous venons de parler que pour les très jeunes filles, celles qui ne connaissent encore rien de la vie, et pour lesquelles on ne doit pas en ouvrir la porte toute grande sur les tristes réalités de l'existence ; mais, ajoutai-je avec hésitation, sans être vieille, mademoiselle, vous n'êtes cependant plus tout à fait dans la catégorie des toutes jeunes filles, dont on admire l'ignorance et la naïveté.

— Je ne dois pas juger ces choses-là par moi-même, madame; je dois croire ce que me disent mon père et ma mère, et ne pas chercher à voir plus loin que ce qu'ils jugent à propos de me laisser voir.

— Franchement je n'avais plus envie de rire.

Je regardai avec pitié cette femme, qu'elle fût ou non arrivée dans la force de l'âge, alors que la raison et le sens moral doivent être développés pour en faire un être complet, réduite à un véritable état d'idiotisme par une éducation mal dirigée et mal comprise.

Il y a de par le monde, surtout en ce moment où les hommes recherchent une fortune devenue parfois trop nécessaire, il y a un grand nombre de femmes qui ne se marient point. Est-ce donc une raison pour en faire, toute leur vie, des êtres sans jugement, sans sensations, sans pensées ?

La pauvre fille que j'avais sous les yeux, continuant, même après la maturité, ce rôle presque enfantin de la toute jeune fille, n'était-elle pas un exemple, déjà ridicule, et qui ne pouvait que s'accentuer de plus en plus, de ce que deviennent les vieilles filles, lorsqu'elles n'ont pas su, à l'âge où elles sont abandonnées par la première jeunesse, prendre résolument leur rôle de femmes devant marcher seules dans la vie. Cela me paraît si bien compris dans les mœurs françaises, que, lorsqu'une fille semble avoir renoncé à se marier, ou du moins lorsqu'elle a passé l'âge où l'on se marie habituellement, il est du meilleur savoir-vivre de lui donner, en lui parlant, le titre de *madame*. Qu'aurait dit la pauvre Pauline R..., si je m'étais avisée de lui donner cette qualification ? Je restai livrée seule à mes réflexions, que je suis venue transcrire sur mon journal, lorsque la porte de ma chambre se fût ouverte et que la femme de chambre de Mme R..., fût venue dire, avec une sorte de commandement : — Mademoiselle oublie l'heure, elle sait que madame veut que mademoiselle soit rentrée avant quatre heures

XXXII

MALADIES ET CONVENANCES

Réserve extrême envers les personnes malades; visites à leur faire et manière de se conduire avec elles.

Je me trouve à Paris en un moment d'épidémie; la plupart de mes amis, de mes connaissances sont atteints, et j'en ai moi-même subi l'influence, tant elle est répandue et presque générale.

Cela m'a donné tout naturellement la pensée de m'enquérir, par ma propre expérience, et surtout par les conseils si éclairés de madame Balmier, de la façon dont on doit se conduire, soit dans un cas semblable, soit dans les cas de maladie isolés.

Si l'on est soi-même atteint, et cependant assez bien pour recevoir ses amis intimes, il faut penser que le moment de la convalescence, celui où l'on serait le plus disposé à se retrouver en compagnie, est aussi celui où l'on donnerait plus facilement le maladie que l'on vient d'avoir.

Il vaut donc mieux se priver soi-même pendant quelque temps encore, soit de recevoir ses amis, soit de s'imposer à eux en leur demandant une hospitalité même momentanée, sous le prétexte de changer d'air. Il faut même, dans ces cas-là, pousser la charité plus loin, et craindre d'aller même dans une voiture de louage, où l'on peut passer et laisser le germe d'une maladie contagieuse.

J'avoue que nous ne pensons guère à tout cela, dans mon cher pays, et que je serais heureuse d'y importer toutes ces délicatesses du savoir-vivre, qui font de l'Europe, et surtout de la France un pays exceptionnel.

— Est-ce que vous croyez en avoir fini avec ce chapitre? me demanda Mme Balmier, après m'avoir donné ces quelques détails. Il y a des obligations bien autrement urgentes et sérieuses à observer vis-à-vis du malade lui-même.

Quelque liaison que vous ayez avec lui, à moins que votre présence ne soit nécessaire pour lui donner des soins, vous ne devez jamais fatiguer un malade par vos visites, et il faut, en général, attendre qu'il les demande lui-même. Bornez-vous donc à envoyer, chaque jour, prendre des nouvelles de la personne qui vous intéresse.

Vous pouvez, si vous savez que cela lui sera agréable, lui envoyer des fleurs, des chatteries, des livres, quoique le dernier mot me fasse faire une réflexion ! N'envoyez jamais, pour les lui prêter, des livres à une personne atteinte de maladie contagieuse, surtout dans les fièvres éruptives. Il y a, au moment de la convalescence, de petites pellicules qui s'enlèvent et volent partout, aussi bien dans les feuillets du livre que sur les autres objets environnants. Et l'on sera tout étonné, un jour, alors qu'aucune cause ambiante ne semble l'avoir provoqué, de se trouver envahi par le mal apporté par le livre.

Donnez donc, ne prêtez pas le livre à la personne atteinte de maladie contagieuse. Et peut-être y aurait-il nuance de délicatesse chez celle-ci, à prier qu'on lui fasse la lecture, pendant qu'elle peut encore transmettre le mal.

Lorsqu'enfin tout danger est passé pour les personnes à qui vous désirez témoigner votre affection, ou même seulement votre sympathie, ne vous empressez pas encore de vous précipiter auprès d'elles, avant de savoir si votre présence leur sera agréable. On est quelquefois longtemps sous une impression triste, qui rend pénible la présence d'un étranger, après une longue ou dangereuse maladie.

D'autres fois, au contraire, on éprouve, en revenant à la vie, un désir ardent de la reprendre tout entière en se jetant avidement dans toutes les sensations nouvelles qu'elle peut nous apporter, et l'on reçoit ainsi en indifférent avec le même bonheur et la même soif de sensations.

C'est alors que l'on doit se montrer soi-même aussi discret que le convalescent sera enthousiaste et avide de votre présence et de votre conversation.

Il faut craindre de le fatiguer, d'amener par cette vie nouvelle et par cette activité dont il avait perdu l'habitude, une surexcitation nerveuse, qui, si elle n'amène pas de rechute, peut retarder la guérison et causer un malaise sans bons résultats, comme compensation.

Le visiteur, en ces circonstances, doit être un ami ne pensant en rien à son plaisir propre, mais tout préoccupé de distraire le malade, auquel il vient apporter ces effluves de la vie extérieure, dont celui-ci est privé depuis si longtemps. Il lui faut donc s'associer entièrement à l'esprit et aux tendances de celui-ci ; il ne devra pas avoir l'air de croire qu'il a été très sérieusement atteint, et qu'il a besoin de grands ménagements pour ne pas rechuter. A moins que l'on ne s'aperçoive que c'est une satisfaction pour le convalescent de ne parler que des détails de sa maladie, il faudra éviter autant, que possible, ce sujet de conversation, et entraîner au contraire le malade vers des sujets éloignés, afin de chasser de son esprit toutes les idées tristes qui le ramènent vers le mal, dont on ne doit pas lui parler. Il y a là une affaire de tact absolu, conduisant à étudier et à chercher ce qui peut plaire à celui que l'on vient visiter, en lui apportant une gaîté douce, dont il ressentira immédiatement les bons effets.

— Vous le voyez, chère madame, ajouta madame Balmier, il n'est pas une circonstance en notre vie de femme, où le plus strict et le plus délicat savoir-vivre ne parte toujours du cœur. Si nous l'écoutions, nous n'aurions besoin d'aucun enseignement à cet égard, sûres que nous serions de toujours arriver juste et bien.

XXXIII

RÉFLEXIONS PERSONNELLES
SUR LES CHOSES ET LES HOMMES

... Mon amie, Mme Balmier, est malade; je suis seule, et, mon cahier de mémoires me tombant sous la main, je ne suis pas fâchée de m'essayer un peu à lire toute seule dans ma pensée pour voir si je saurai la bien traduire à la française.

« On fait dire à tous les personnages célèbres de ces temps-ci (chacun à son tour) : « Plus je connais les hommes, et plus j'aime mes chiens... » Et, après avoir lu une quantité de romans qui se trouvent sur ma table, je reprends cette phrase à mon usage, et je dis : « Plus je lis la littérature moderne, et plus j'aime et je recherche les vieux auteurs. » Je n'ai appris ni le grec, ni le latin; on ne connaît pas cela dans notre pays, même pour les éducations masculines; je ne puis donc parler ni d'Horace ni de Virgile, ni de tant d'autres, dont j'ignore même le nom ; mais nous connaissons Molière, Corneille, Racine, et même le satyrique Boileau, et je puis donc dire comme lui :

« Les climats font souvent les diverses humeurs. »

Lorsque je suis allée à Londres, je me sentais tout simplement devenir misanthrope ; et ce n'est qu'en arrivant à Paris, que j'ai appris à avoir cet esprit critique qui fait étudier et apprécier chaque chose selon son mérite. Et rien aujourd'hui ne me plaît comme cette étude du caractère des gens qui me passent sous les yeux.

Peut-être en ai-je pris le goût dans la lecture de La Bruyère, devenu un de mes auteurs favoris.

C'est une singulière chose que de voir les nations se critiquer entre elles, comme le font les hommes individuellement.

Avisez-vous de vanter le caractère anglais devant un Français ; vous voyez celui-ci prendre feu aussitôt, s'emporter et vous déclarer, s'il le faut, ennemi de sa patrie... (J'ajouterai : et *vice-versâ*, à l'emportement près). Les hommes ne sont-ils pas partout les mêmes, et il faut être fortement observateur pour distinguer les nuances.

J'ai vu Naples, Saint-Pétersbourg, Londres et Paris. Partout j'ai rencontré la même quantité de sots, d'égoïstes et d'envieux !... Je ne vous parle pas des gens de mérite ; il s'en trouve en tous lieux ; mais ceux-là ne font jamais partie de la foule...

A chaque pas, je rencontre des infirmités morales, qui seraient bien désolées qu'on leur refusât droit de cité quelque part.

Partout, surtout en France, les hommes me paraissent plus mauvais en paroles qu'en actions ; ils tournent plutôt à l'insignifiance complète qu'à la méchanceté. Et, autant que je puis m'en apercevoir et en faire la remarque, il me semble que la génération actuelle ne vaut pas celle du temps passé, et celle qui vient autant que celle qui s'en va.

J'en avais déjà signalé la remarque, il y a quelque temps, lors d'une soirée passée au spectacle, en compagnie de madame Balmier. Aussi ne reviendrai-je pas sur les réflexions que chaque jour fait naître de plus en plus, lorsque je compare les gens qui s'en vont et ceux qui arrivent. Ces derniers ne me semblent vivre que pour les jouissances positives de la vie ; ils veulent devenir riches vite, bien vite, pour s'enfouir tout entier dans leurs tas de billets de banque.

Ceux-là ne s'occupent en rien des autres, ils ne pensent qu'à eux, et il me semble que ce n'est pas ainsi que l'on doit comprendre la vie, même la vie factice du monde, où l'on ne reçoit que si l'on donne.

Je crois voir que l'on habitue trop aussi l'enfant à se considérer, dès qu'il est venu au monde, comme un chef suprême de la famille, devant lequel tous doivent s'incliner avec respect. Eh bien ! malgré cette manière de voir, ou plutôt d'agir je resterai avec la pensée, dans laquelle j'ai été élevée, que l'enfant doit écouter l'homme mûr, et que tous deux doivent s'incliner devant le vieillard.

On le croit si bien ainsi, dans notre pays, que l'homme qui a mérité d'être signalé à ses compatriotes comme ayant rendu quelque grand service à sa patrie ennoblit, non ses descendants, qui devront travailler eux-mêmes à se créer notoriété et noblesse, mais ses ascendants, que l'on semble ainsi remercier de l'éducation qu'ils lui ont donnée.

Mais tout marche si vite en France, et surtout à Paris, et l'on s'y assimile si complètement les idées et les manières de faire des autres pays, que la chose reçue et acceptée aujourd'hui ne sera plus celle qui aura force de loi demain.

Il n'y a donc qu'un savoir-vivre qui sera éternel et auquel nous ne devrons jamais résister : c'est celui que nous enseigne notre cœur. Et, si je rencontre souvent de réelles infériorités chez les femmes en ce qui concerne les choses de l'esprit et de l'intelligence, dont, hélas ! comme chez nous, les hommes retardent le plus possible le développement, on leur trouve toujours une incontestable supériorité en ce qui touche aux affections familiales et à la bonté.

Cependant, quand elles sont méchantes !..... Mais il y a si peu de femmes méritant ce titre !...

Je ne veux pas généraliser complètement mes observations. Pour être en minorité, les hommes de valeur n'en existent pas moins. Il y a des jeunes cœurs et des jeunes têtes qui aiment et travaillent ;

il y a des intelligences se préparant à la lutte, et marchant activement et courageusement dans la voie du progrès, devenu une nécessité. Ceux-là se tiennent à l'écart de la foule ; quand on les connaît, on les compte et on les admire. Comme en ce moment je me sens un grand besoin d'admiration contenue, je laisse mes souvenirs, pour aller chercher la lanterne de Diogène.

XXXIV

LES GANTS

Tout ce qui les concerne.

Il y a une partie de la toilette européenne qui me paraît mériter un chapitre spécial dans nos souvenirs. Je veux parler des gants, cette chose d'une si grande utilité, en même temps qu'elle me paraît être absolument inutile.

Qu'est-ce qu'un gant?

— Je regarde dans un dictionnaire, et j'y trouve que c'est une partie de nos vêtements destinée à couvrir les mains et à les préserver des injures du temps, ou tout simplement une chose que l'on porte par simple déférence aux décrets de la mode.

Il y a là, il me semble, bien des complications et des difficultés, et les uns s'écrieront:

« Du moment que les gants ne servent qu'à garantir les mains des injures du temps, je n'en veux plus ! »

Lorsque d'autres diront:

« Du moment que les gants ne sont qu'une

obéissance très inutile et très gênante aux décrets de la mode, je n'en ai plus besoin ! »

Chacun de nos vêtements, en effet, depuis la bottine jusqu'au chapeau, a une utilité immédiate et incontestable. Les gants seuls font exception à la règle ; et la chose la plus bizarre, c'est qu'il y a une foule de circonstances où les gants ne sont jamais plus indispensables que lorsqu'ils sont le plus inutiles... Ainsi, par exemple, lorsque l'on va à un dîner, ou que l'on fait une visite, quelle que soit la chaleur qu'il fasse, il est absolument indispensable, sous peine de manquer de savoir-vivre, d'avoir des gants bien mis et bien tirés sur les mains.

Est-ce qu'en ce moment ils ont quelque utilité ?

Et d'un autre côté, si la personne à laquelle on est obligé d'aller faire une visite est un souverain sur le trône, ou seulement en expectative, l'étiquette exige de ne laisser voir les gants qu'aux chambellans ou introducteurs qui, eux doivent les apercevoir, et de les retirer rapidement, avec l'air de quelqu'un qui sait vivre, de les fourrer en souriant dans sa poche pour en épargner scrupuleusement la vue aux têtes couronnées.

Il paraît aussi que, lorsque l'on est appelé comme témoin devant la justice, il est nécessaire de se déganter, avant de prêter serment de dire toute la vérité, rien que la vérité.

En voyant un de ses ministres déposer familièrement sur la table du conseil ses gants, son mouchoir de poche et sa tabatière, le roi Louis XVIII dit un jour :

« Bon ! voilà encore M. de Corbière qui vide ses poches !

— Cela vaut mieux que de les remplir, Sire ! » s'écria le ministre. On raconte qu'en Espagne, du temps de sa splendeur, la grandeur donnait le droit de rester coiffé devant le roi, mais non de garder ses gants, et cependant, sans être bien habile en histoire de tous les pays d'Europe, il me semble que, sous le temps de la grandeur d'Espagne, on ne portait pas encore de gants. Le souverain français chez lequel l'usage d'ôter ses gants a été le mieux observé a été Napoléon III, chez lequel on n'entrait jamais que les mains nues.

Nous devons donc en induire que, si les mains gantées sont une marque de respect, les mains dégantées sont une marque de respect plus grande encore.

Je crus bon de poser toutes ces questions à mon habile mentor, Mme Balmier, et voici les conclusions qu'elle m'a elle-même données : — Les gants ont été fort longtemps considérés comme simplement un objet d'utilité, et il a fallu tous les raffinements d'une civilisation à outrance pour en faire un objet de parure, ce qui n'existait pas avant ce siècle. Hors de chez elle, une femme doit toujours être gantée ; mais il n'en est pas de même pour les hommes, qui, moins disposés à subir une gêne, se donnent souvent la latitude de se passer de gants, sans qu'on le trouve extraordinaire. Ils ne sauraient cependant, pas plus que les femmes, s'en affranchir ni pour une cérémonie officielle, ni pour une visite, ni pour aller à un spectacle ou à un concert.

J'ai entendu un jour, avec étonnement, une jeune fille nous dire :

« Je suis bien plus contente d'avoir une jolie main qu'une jolie figure, parce que je ne voudrais point passer mon temps à me regarder dans une glace, tandis que je n'ai qu'à ôter mon gant pour pouvoir admirer ma main, que j'ai continuellement sous les yeux. »

La chose, qui m'avait d'abord étonnée, m'a paru, après longue réflexion, éclatante de vérité, et ce propos était tout simplement le véritable cri de la nature et la preuve irréfutable du plaisir, assez innocent en somme, que chacun éprouve à regarder sa propre main. On comprend donc facilement que l'on se dégante, aussitôt que cela devient possible, chaque fois que le gant n'est qu'un objet de parure. Il y a une chose qui me paraît aussi très extraordinaire et que je veux mentionner dans mes pensées intimes : Pourquoi, puisque les gants sont considérés comme parure, rencontre-t-on quelquefois des jeunes femmes (je ne parle pas des vieilles femmes, que je ne veux jamais critiquer), mais des jeunes femmes, du reste très élégantes dans leur toilette, ne pas craindre d'avoir parfois des gants fanés, horriblement fanés?... A coup sûr, moi, étrangère, j'aimerais mieux n'en pas avoir du tout. On m'a répondu que les gants toujours frais conduisant à une grande dépense, on fermait quelquefois un peu les yeux sur les petites irrégularités de ce genre, quand elles étaient peu remarquables, mais que je remarque, moi, comme une chose qui ne me paraît pas bonne. On pardonne à une femme pauvre d'avoir de vieux gants, et on ne lui pardonnerait pas de n'en pas avoir du tout !

Tel est l'usage auquel il faut se conformer en France !... Aussi, que de précautions, de soins et de gomme élastique pour maintenir en bon état cette chère petite paire de gants, gagnée quelquefois par tant de travail et de sacrifices !... Il y a tant de choses dans cette paire de gants fanés ! Ils nous disent si souvent la misère fièrement portée, que l'on est presque toujours tenté de les saluer avec déférence...

Que de jeunes hommes sont souvent privés d'aller dans le monde, parce qu'ils ne peuvent dépenser, pour cet objet seulement, quelques centaines de francs dans un hiver ; car, au contraire des femmes pauvres, il ne leur est pas permis de révéler leur misère par leurs gants, qui, en soirée ou au bal, doivent toujours être d'une irréprochable fraîcheur.

A Paris, je l'ai bien vu déjà, il faut avoir l'air d'être, plutôt qu'il ne faut être, et les gants sont l'un des principaux indices de l'*avoir l'air !*

XXXV

MES ADIEUX

PROMESSES

Suis-je heureuse ou contrariée de retourner dans mon pays ?

Depuis huit jours, sur l'avis que m'a donné mon mari qu'il venait d'être rappelé à Bac-Ninh, nous allons devenir de nouveau habitants de l'Indo-Chine. J'y emporterai un ineffaçable souvenir de ce temps, passé en France, au milieu de ces Parisiens, dont un grand nombre sont devenus mes amis. J'emporte un regret profond de quitter ma chère compagne, Mme Balmier. Que d'épines elle a su ôter de la route où elle voulait bien s'engager chaque jour avec moi ! Que de journées heureuses je lui ai dues, que de conseils aimables, utiles ou sensés sont sortis de sa bouche pour me faire tour à tour femme du monde et femme lettrée ou artiste !

Aurais-je pu, sans elle, faire un pas dans la vie parisienne, sans accrocher ma dignité de femme ou d'étrangère à quelques-unes de ces amorces trompeuses, auprès desquelles il faut être prémuni, sous peine de tomber misérablement ou de devenir grotesque.

Grâce à elle, je me suis toujours maintenue dans la droite ligne, et j'emporte dans mon cher pays la connaissance presque certaine de tous les principaux usages français, qui, je n'en doute pas, vont devenir une règle de conduite pour mes compatriotes. Mme Balmier vient d'arriver pour me faire ses adieux.

Malgré notre intimité, me sachant occupée à mes préparatifs de départ, elle s'est bien gardée de venir sans me faire demander à quel moment il me serait le plus agréable de la recevoir; c'est que, pour la femme bien élevée, il n'y a point de petite chose qui ne doive être faite, sinon avec un extrême savoir-vivre, que donne seule l'éducation première, au moins avec les élans venus du cœur, qui empêcheront toujours de froisser celui des autres, et même souvent aussi les simples convenances.

— Nous allons nous séparer, et peut-être ne nous reverrons-nous jamais, dis-je à mon amie, aussitôt qu'elle fut auprès de moi; et, avant de me quitter, voulez-vous me permettre de vous dire un peu l'impression que j'ai prise des Parisiennes ou plutôt des Françaises en général, ces femmes, si aimables, dont j'emporte le souvenir comme la plus douce et la plus aimable impression de mon voyage d'outre-mer ?

— J'avais presque pensé à vous le demander, répondit en souriant Mᵐᵉ Balmier.

— Eh bien! malgré toute mon affection pour elles et l'admiration presque absolue que j'ai pour le savoir-vivre français, il me semble que les femmes, réputées précisément pour avoir cet extrême savoir-vivre, manquent beaucoup trop souvent de naturel.

Elles sont d'une amabilité parfaite, qui, si j'ose m'exprimer ainsi, me semble trop parfaite. Lorsque l'on est aimable avec moi, j'aime à sentir que cette gracieuseté vient du cœur; je voudrais qu'elle fût sincère, issue d'une affection que l'on ne peut ressentir pour tout le monde, tout au moins d'une sorte de sympathie qui porte à la bienveillance..... Dans les premiers temps de mon séjour parmi vous, j'éprouvai cette illusion et je ressentis moi-même de la sympathie pour les personnes qui me montraient cette charmante disposition à mon égard. Puis, je m'aperçus qu'elle était la même pour tout le monde, rien de plus, rien de moins.

— Comment voulez-vous qu'il en soit autrement? répondit Mᵐᵉ Balmier; est-ce qu'il est possible de montrer à une personne que l'on reçoit, ou que l'on rencontre seulement dans le monde, qu'elle vous est peu sympathique et que vous aimeriez autant l'envoyer promener que de...

— Oh non! pas ainsi; mais il me semble que

pour vous, qui savez si bien faire, les nuances ne sont pas difficiles à trouver, et que vous ne devez pas accueillir la personne qui vous plaît et que vous vous sentez disposé à aimer comme la première venue, dont vous souhaitez d'être débarrassée.

— Oui, je ne puis me dispenser de trouver que vous avez raison; seulement, je pense aussi que ces nuances, que vous trouvez déjà si difficiles, vont, de par votre désir, s'augmenter de difficultés bien plus grandes encore; mais votre réflexion me porte à les indiquer comme une règle nécessaire, et, dussions-nous en trouver la loi excessive, je dirai que ces nuances, auxquelles tant de personnes ajoutent trop peu d'importance, sont toute la règle du savoir-vivre; savez-vous pourquoi?

— Oh! non!

— Tout simplement parce que, loin d'être antinaturelles, ces nuances sont toutes écrites au fond de notre cœur, où nous n'avons qu'à apprendre à lire... Essayez et vous emporterez à Hanoï l'art de ne plus se faire la guerre, mais, au contraire, celui de fraterniser les uns avec les autres.

Ce jour-là, vous bénirez et nous bénirons tous le voyage de la Tonkinoise a Paris!...

— Que je vous aime! chère madame, vous qui m'avez ainsi ouvert le cœur et l'esprit!

— Voulez-vous me promettre que, lorsque je

serai là-bas, vous répondrez à toutes mes questions, et que, lorsque je serai embarrassée, vous viendrez à moi, me tirant d'embarras par une réponse désirée?

— Oh oui ! Je vous le promets. Et, poursuivit mon amie, lorsque se présentera quelque question de détail, où je pourrai vous être utile, écrivez vite, afin que je sois toujours votre conseillère, comme je suis votre amie...

Chère Mme Balmier! Elle est partie!

Les malles sont là, fermées, prêtes à partir aussi... Les chevaux piaffent et annoncent leur impatience ; la voix de mon mari m'appelle !

Adieu, France! Adieu, Paris! Adieu ce que j'ai aimé pendant une année et ce que je regretterai toujours !

FIN

TABLE DES MATIÈRES

CHAPITRE PREMIER
A PARIS

Pourquoi je viens à Paris. — Mon éducation première. — Mon désir de connaître les usages parisiens... 1

CHAPITRE II
LES DINERS

Ce qu'il ne faut pas faire. — Les invitations. — La salle à manger, le service, la soirée, etc......... 3

CHAPITRE III
LES CARTES DE VISITE

Une leçon sur les visites. — Présentation et entrée en scène de Mme Balmier. — Ce qui concerne les cartes de visite. — Origine des cartes............ 28

CHAPITRE IV
SOIRÉES INTIMES

Invitations permanentes. — L'art du visiteur, de la maîtresse de maison. — Artistes amateurs. — Comment on part. — Après. — La médisance. — Toilette de visite.................................. 42

CHAPITRE V
JOUR DE RÉCEPTION

Un salon parisien. — Les visites. — Usages pour les réceptions. — Circonstances où l'on doit tendre la main. — L'art de recevoir. — La conversation. — Les circonstances où l'on doit faire des visites. 57

CHAPITRE VI
L'ART DE BIEN ÉCRIRE UNE LETTRE
76

CHAPITRE VII
UN BAL

Arrivée. — Toilette de jeune fille. — Conduite de la maîtresse de la maison envers les danseuses. — Promenades, buffet. — Une histoire. — Expressions qu'il ne faut pas employer.......... 85

CHAPITRE VIII
MARIAGE

Demande en mariage, présentation. — Préliminaires. — Fiançailles. — Cadeaux. — Corbeille. — Demoiselles d'honneur. — Lettres de faire part. — Le voyage de noces. — Les mariages de veuves. 104

CHAPITRE IX
L'INTÉRIEUR D'UN JEUNE MÉNAGE

L'installation. — L'homme. — Relations familiales. 130

TABLE DES MATIÈRES

CHAPITRE X
LE SERVICE ET LES DOMESTIQUES

Manière dont les maîtres doivent se conduire...... 139

CHAPITRE XI
LES VISITES DE NOCES

Réflexions sur les autres visites, surtout celles du soir... 148

CHAPITRE XII
CÉRÉMONIES FUNÈBRES

Deuils. — Enterrements. — Visites de deuil...... 155

CHAPITRE XIII
QUELQUES USAGES DE LA VIE EXTÉRIEURE

Courses dans la rue, en omnibus. — Réflexions... 167

CHAPITRE XIV
EN VOYAGE

Vie de campagne. — Contraste entre jeunes filles. — Superstition. — Cuisinières improvisées. — Générosités envers les domestiques étrangers. — Pourboire. — Les œufs à la coque. — A l'hôtel.. 173

TABLE DES MATIÈRES

CHAPITRE XV
UNE NAISSANCE ET UN BAPTÊME

Comment on choisit le parrain et la marraine ; les cadeaux à faire. — Les noms de baptême. — Lettres de faire part.................................... 201

CHAPITRE XVI
LES VILLES D'EAUX

Réserve. — Intimité. — Mauvaises habitudes...... 212

CHAPITRE XVII
LE THÉATRE

Heures d'arrivée. — Façon de s'y conduire. — Place à choisir. — Visites au théâtre. — Enfants. — Entr'actes. — Causerie. — Photographies....... 220

CHAPITRE XVIII
USAGES MASCULINS

Comparaison. — Jeunes et vieux. — Un homme bien élevé. — Quelques réflexions sur les gants. — Ce qu'il faut faire et ce qu'il faut éviter. — La vie intérieure. — Anecdotes. — Politesses masculines. 232

CHAPITRE XIX
PORTRAITS

Une femme comme il ne faut pas être............ 248

CHAPITRE XX
LA VRAIE ET LA FAUSSE CHARITÉ 254

CHAPITRE XXI
LA FEMME QUI VEUT ÊTRE ARTISTE SANS RESTER FEMME 259

CHAPITRE XXII
ÊTRE PRISE POUR ÊTRE RICHE 264

CHAPITRE XXIII
IGNORANCE ET VANITÉ

Choix de cadeaux pour Noël et le premier janvier.. 269

CHAPITRE XXIV
ORDRE ET HARMONIE

Un vieux ménage............................ 275

CHAPITRE XXV
LA FEMME QUI FAIT FAUSSE ROUTE 279

CHAPITRE XXVI
CE QU'IL NE FAUT PAS FAIRE

Présentations malencontreuses. — Jeune fille et vieille femme.............................. 284

CHAPITRE XXVII
UNE FEMME MÉCHANTE

Dénigrement général. — Envie et sottise. — La pauvre fille contrefaite. — La bonté.................. 289

CHAPITRE XXVIII
UNE POSEUSE

Le manque de simplicité en toutes choses.......... 293

CHAPITRE XXIX
UNE FEMME GRINCHEUSE

Certains détails de la table et du couvert. — Changements sur le passé. — Service.................. 299

CHAPITRE XXX
LES ÉTRENNES

Usages, cadeaux, facteurs, domestiques, visites et étiquette du jour de l'an. — Une histoire d'étrennes.. 305

CHAPITRE XXXI
VIEILLE FILLE

Pauvre fille jouant le rôle de fillette. — Désillusion. 311

CHAPITRE XXXII
MALADIES ET CONVENANCES

Réserve extrême envers les personnes malades. — Visites à leur faire et manière de se conduire avec elles.. 316

CHAPITRE XXXIII
RÉFLEXIONS PERSONNELLES

Sur les choses et les hommes...................... 321

CHAPITRE XXXIV
LES GANTS

Tout ce qui les concerne.......................... 326

CHAPITRE XXXV
MES ADIEUX

Promesses....................................... 332

CORBEIL. — IMPRIMERIE CRÉTÉ-DE L'ARDRE

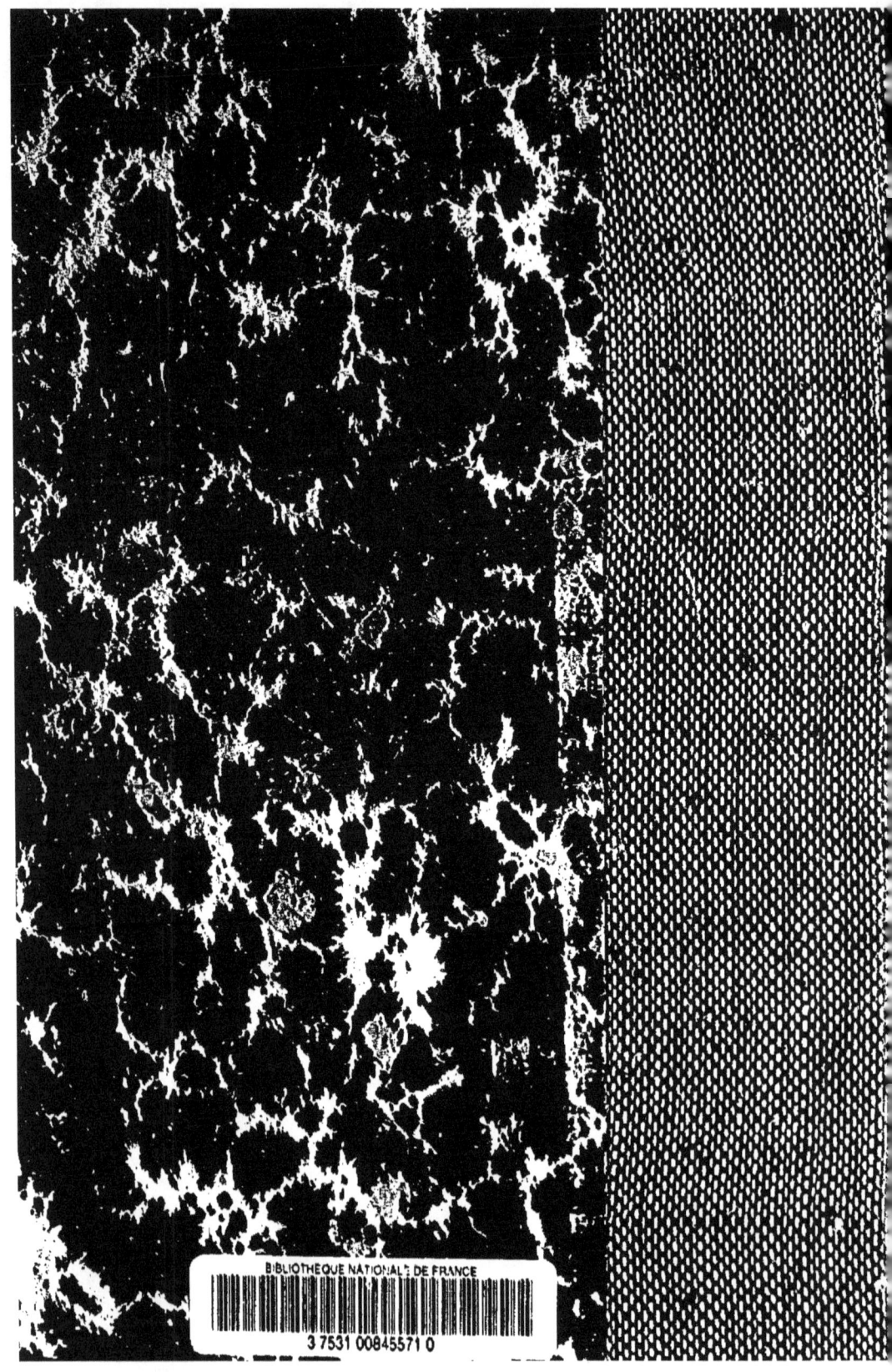

www.ingramcontent.com/pod-product-compliance
Lightning Source LLC
Chambersburg PA
CBHW070859170426
43202CB00012B/2118